리더의 마음챙김

리더의 마음챙김

Seven Practices of a Mindful Leader

어떤 문제 앞에서도 흔들리지 않는
7가지 마음챙김 훈련법

마크 레서 지음 | 김잔디 옮김

카시오페아
Cassiopeia

"우리는 인생의 1/3을 일터에서 보낸다. 일은 우리 삶에서 가장 큰 스트레스를 주는 원천 중 하나다. 지난 10년간 많은 연구를 통해 마음챙김 수련이 스트레스와 불안을 줄여주고 집중력을 키워준다는 사실이 밝혀졌다. 마크 레서는 참선하는 사람으로서 오랫동안 자기 자신을 단련해온 경험과 수천 명의 마음챙김을 지도해온 풍부한 경력, 마음챙김과 감성지능 기술을 비즈니스의 영역에 적용한 구글의 내면 검색 프로그램을 공동 개발하고, 자신이 직접 회사를 운영하는 경영자로 활동했던 이력 등을 한데 녹여 이 책을 집필했다. 마음챙김과 비즈니스의 영역 양쪽에서 구축한 그의 전문성이 오롯이 담긴 《리더의 마음챙김》은 리더들을 변화시키고 더 나아가 비즈니스 세계를 혁신적으로 바꾸는 귀중한 도구가 될 것이라고 믿는다."

_ **제임스 R. 도티**James R. Doty (《닥터 도티의 삶을 바꾸는 마술가게》 저자,
스탠퍼드 의과대학 '연민과 이타심 연구 및 교육 센터'의 창립자 겸 대표)

"마크 레서는《리더의 마음챙김》에서 삶과 일, 리더십에 있어 현재 자신의 수준과 스스로 열망하는 가장 높은 수준 사이의 격차를 줄이고 싶어 하는 리더들에게 꼭 필요한 지침을 제시한다. 참선자이자 마음챙김 코치로서 쌓은 경험과 구글, SAP(독일의 소프트웨어 기업)를 비롯해 영향력 있는 여러 다국적기업에서 오랫동안 일한 그의 경험이 이 귀중한 책에 가득 녹아 있다. 이 책은 점차 복잡다단해지며 급변하는 경영 환경에 직면한 리더들에게 조직을 효과적으로 이끌 수 있는 리더십 기술을 연마할 실용적 방법을 제시한다. 어떤 직급이든 리더 역할을 하는 모든 이들에게 꼭 필요한 필독서다. 리더가 아니더라도 자신이 하는 일에서 성취감을 느끼고 생산적으로 살고 싶은 사람에게도 유용한 책이다."

_ **리치 페르난데스**Rich Fernandez (내면 검색 리더십 연구소 CEO)

"마크 레서는 오늘날 일터에 존재하는 문제들에 수십 년에 걸친 참선 명상 경험을 적용하여 참신하고 자비로운 마음챙김 리더십의 비전을 발견해냈다. 그는 단순하지만 깊이 있는 일곱 가지 수련법을 통해 크고 작은 조직의 리더들이 건전하고 품위 있는 일터를 조성하고 구성원들로부터 최선의 결과를 이끌어낼 수 있는 현명하고 실용적인 방식을 소개한다."

_**마이클 캐롤**Michael Carroll (《마음챙김 리더》,《두려움 없이 일하기》 저자)

"《리더의 마음챙김》은 마음챙김에 영적으로 접근하는 법을 일상에서 훈련할 수 있도록 도와주는 깊이 있는 지도서다. '비즈니스'와 '영적 수련'이라는 양립하기 어려울 것 같은 두 분야에서 평생의 경험을 쌓아온 저자는 마음을 다해서 살아가는 것이 왜, 어떻게 효과적인 리더십을 촉진하는지 능숙하게 설명한다. 책 속에 소개된 일곱 가지 수련법은 누구든지 일상에서 활용할 수 있을 만큼 명쾌하면서도 단순하다."

_ **노먼 피셔**Norman Fischer (미국의 저명한 선 스승, 《마음 훈련》 저자)

"영혼을 살찌우는 깨달음, 마음이 담긴 선의 지혜!"

_ **잭 콘필드**Jack Kornfield
('영성 명상 센터Spirit Rock Meditation Center' 공동 창립자,
《마음이 아플 땐 불교심리학》 저자)

"마크 레서는《리더의 마음챙김》을 통해 선의 오래된 지혜를 21세기의 회의실로 가져왔다. 그가 제시하는 일곱 가지 마음챙김 수련법은 가장 훌륭한 자신을 리더십에 적용할 수 있는 분명한 길을 제시한다."

_**라스무스 호가드**Rasmus Hougaard
('포텐셜 프로젝트Potential Project' 창립자 겸 CEO,
《성공을 부르는 리더의 3가지 법칙》 저자)

"여기 변화의 고통을 정면으로 마주하자고 제안하는 흔치 않은 자기계발서가 있다. 마크 레서는 우리가 힘든 상황을 노련하게 헤치고 나아가도록 돕는 안내자다. 그가 제시하는 일곱 가지 수련법은 그가 실제로 오랜 기간 동안 마음챙김 수련을 하면서 맺은 성숙한 결실이다. 이 수련법들은 리더들의 삶을 보다 더 풍요롭게 해줄 것이다."

_데이비드 스타인들 라스트 David Steindl Rast
(수도사, '감사하는 삶을 위한 공동체A Network for Grateful Living' 공동 창립자)

"강력히 추천하는 훌륭한 책이다. 마크 레서는 오랫동안 쌓은 자신의 남다른 경험을 바탕으로 리더들에게 영감을 주고, 마음챙김을 조직에 적용하는 방법을 보여준다. 마크가 내게 훌륭한 멘토가 되어준 덕분에 나는 SAP에서 기업용 마음챙김 프로그램을 성공적으로 시작할 수 있었다. 마크의 깊은 지혜와 실용적인 지식, 마음챙김에 대한 애정이 이 책 곳곳에서 반짝인다. 더 나은 마음챙김 리더, 숙련된 지도자가 되고 싶은 사람은《리더의 마음챙김》을 꼭 읽어야 한다."

_피터 보스텔만 Peter Bostelmann
(SAP 산하 '국제 마음챙김 수련Global Mindfulness Practice' 책임자)

"마크 레서의 이 책은 현명하고 자비로운 리더가 된다는 것의 의미를 우리에게 깊이 일깨워준다. 더불어서 우리가 하는 일에 지혜를 더해준다."

_**조안 지코 핼리팩스**Joan Jiko Halifax
('우파야 선원Upaya Zen Center' 원장, 미국 재가불교 운동의 리더)

"《리더의 마음챙김》은 마크 레서의 삶에 깊이 파고든 두 가지 주제인 '마음챙김 수련'과 '마음챙김을 비즈니스와 일상생활에 적용하는 작업'이 완벽히 조화를 이룬 책이다. 그는 이 책에서 자신과 타인의 삶을 다정하고 자비롭게 대할 때 어떤 이점이 있는지 탁월하게 소개한다. 영적 수련자, 기업 경영자 등 누구나 이 책을 즐겁게 읽고, 자신의 삶을 한 단계 업그레이드할 노하우를 얻을 수 있다."

_**피터 코요테**Peter Coyote (작가, 배우, 선불교 승려)

"사람은 누구나 어떤 면에서 리더라고 할 수 있다. 마크 레서는 《리더의 마음챙김》에서 마음챙김과 연민의 힘을 적용하여 사람들의 내면으로부터 최선을 인도하고 끄집어낸다. 선 사원과 기업 회의실에서 얻은 심오한 경험을 바탕으로 쓰인 이 책은 명확한 메시지와 유머, 실용적인 조언으로 빛난다. 초보 관리자에서

이 책에 쏟아진 찬사

부터 최고경영자에 이르기까지 다양하고 깊이 있는 가치를 제공하는 훌륭한 책이다."

_릭 핸슨 Rick Hanson (《12가지 행복의 법칙》 저자)

"이 책은 연민과 공감 능력, 명확성, 자기 인식 능력을 기르고 이웃과 깊은 유대를 쌓는 마음챙김의 기술을 알기 쉽게 소개한다. 기업을 경영하는 리더들뿐만 아니라 일상에서 마음챙김 수련을 하고 싶은 사람들에게도 대단히 유용하다."

_샤론 샐즈버그 Sharon Salzberg
(《행복을 위한 혁명적 기술, 자애》, 《하루 20분 나를 멈추는 시간》 저자)

"구글의 내면 검색 프로그램을 공동으로 창립한 마크 레서는 《리더의 마음챙김》에서 진정 깨어 있는 리더십을 달성할 완벽한 비결을 제시한다. 그는 마음챙김의 핵심 요소를 일터에 적용하여 함께 일하는 구성원들로부터 최선을 끌어내고, 성취감을 느끼면서 성공하는 법을 노련하게 보여준다."

_제임스 바라즈 James Baraz
('영성 명상 센터' 공동 창립자, 《기쁨에 눈뜨기》 저자

자애로운 마음챙김 교사가 힘들게 얻은 지혜를 노련한 리더의 통찰력과 매끄럽게 결합한다고 상상해보자. 이 창의적이고 자신감을 주는 책이 찬란한 태피스트리로 빛나는 모습이 떠오를 것이다. 우리에게 영감을 주는 안내자 마크 레서는 수십 년에 걸친 명상 수련과 크고 작은 일터에서 기업가로서 리더십을 발휘한 경험을 한데 녹여 일터에서의 삶은 물론이고 개인적인 삶까지 효과적이고 보람차게 만들 수 있는 일곱 가지 강력한 수련법을 제시한다.

레서는 이 책에서 미루기 등과 같은 우리 인생에 도움이 되지 않는 습관에 대한 집착을 버리고 자기 일을 사랑하면, 자유를 얻을 수 있을 뿐만 아니라 타인과 자신, 그리고 자신의 일과 더욱더 생산적이고 창의적으로 교류할 수 있다고 가르친다. 우리는 자신이나 타인으로 인해 발생하는 불편함을 피하려고 정신적 에너지를 쏟을 때가 많다. 정체성의 핵심에 존재하는 내면적 경험을 열린 자세로 받아들이면 건강한 정신과 신체, 원만한 관계가 뒤따라온다는 사실은 여러 연구들을 통해서도 증명된 사실이다.

구성원들이 자신과 타인의 고통에 '교감'하고 서로 의지할 수 있게 만드는 것은 리더들이 조직에서 업무 환경을 구축하고 최적의 생산성과 혁신을 끌어내는 핵심 방법이다. 이런 일이 어떻게 가능할까? 이 통찰력 있는 안내서에서 절묘하게 설명하듯, 어떤 일이 발생했을 때 열린 자세를 취하고 완전히 몰입하여 의식을 쏟으면 된다. 그러면 타인과 유대감을 쌓는 일에 온전히 집중할 수 있으며, 상대는 이를 통해 자신의 존재감과 안전, 안정성, 신뢰의 단단한 기반을 느낀다. 이처럼 리더가 조직 안에서 구성원들 사이의 신뢰를 창조하고 이에 따라 조직 전반에 걸쳐 소속감이 형성되면 구성원들로부터 최선의 태도와 생산성을 이끌어낼 수 있을 뿐만 아니라 이들의 행복까지 최대화할 수 있다. 다행스럽게도 이러한 마음챙김의 리더십 기술은 학습이 가능하다. 이 책에서 바로 그 방법을 가르쳐준다.

그렇다면 '마음챙김 리더'란 정확히 무슨 뜻일까? 마음챙김이란 단어에 딱 하나로 고정된 정의가 있는 것은 아니다. 하지만 이 용어에는 대체로 삶에 온전히 집중하고, 편견에 휩쓸리지 않으며, 열린 자세를 취하고, 경험에 집착하거나 피하려고 하다가 방향감을 상실하지 않는다는 뜻이 담겨 있다. 마음챙김은 의식을 개방하여 뇌의 '사회적 참여 체계social engagement system'[1]를 활성화하고 신뢰를 창조한다. 또한 마음챙김을 통해 폭넓은 수용력과 명확한 사고력이 생기고 타인이나 자기 내면의 삶과 깊숙이 교감할 수 있다. 그렇다면 '마음챙김 리더'는 마음챙김 의식의 특성을 활용하여 타인에게 영감을 주어 최고의 성과를 유도하고, 문제 해결 방식을 최적화하며, 조직에 존재하는 문제와 목표에 혁신적으로 접근할 방법을 찾는 사람이라고 할 수 있겠다. 마음챙김 리더는 조직의 업무 환경을 연민과 유대, 창의력이 넘치는 창조적 교류의 장으로 탈바꿈시키는 사람이다.

이 책에서 소개하는 이해하기 쉬운 일곱 가지 실천 방안은 그런 리더가 되는 법을 가르쳐준다. 당신은 곧 이 여정을 함께하면서 마음챙김 리더가 되기 위해 매 순간 필요한 내용들을 안내받을 것이다. 부디 좋은 시간이 되길 바란다.

_대니얼 시겔Daniel Siegel,

('마음을 여는 기술 연구소Mindsight Institute' 대표이사, 《알아차림》 저자)

---

1) 외부에서 자극이 들어오면 안전이나 위험을 감지하여 표정과 몸 상태를 조절하고 감정을 표현하며 긍정적인 사회 활동을 촉진하는 자율신경계 체계.

제가 이 책에서 제시한 일곱 가지 수련법은 단순합니다.

> 일을 사랑하라.
>
> 일을 하라.
>
> 전문가가 되려고 하지 마라.
>
> 자신의 고통과 교감하라.
>
> 타인의 고통과 교감하라.
>
> 타인에게 의지하라.
>
> 단순화하라.

위의 일곱 가지 수련이 어우러지면 마음챙김과 리더십, 마인드풀mindful 리더십에 대한 실질적인 정의가 훌륭하게 성립합니다. 마음챙김은 우리의 의식과 존재를 한층 더 높은 차원으로 끌어올립니다. 리더십은 조직의 구성원들이 함께 공유하는 비전을 중심으로 만들어집니다. 마음챙김 리더십은 함께 협력하여 개성을 형성하고 중요한 문제를 해결하는 수련 방식이지요.

요즘 같은 시기일수록 위에서 제시한 일곱 가지 수련이 대단히 중요합니다. 그중에서도 저는 수련의 첫걸음으로 첫 번째와 마지막 수련을 추천합니다. 먼저 '사랑'으로 시작하세요. 자신을 사랑하고 가족과 친구, 함께 일하는 동료, 그리고 모든 살아 있는 존재를 사랑하는 겁니다. 사랑은 배려와 관대함으로 나타납니다. 일곱 가지 수련에서 말하는 '일'이란 바로 이것이지요. 특히 역경과 예상치 못한 변화가 찾아왔을 때야말로 우리는 배려하고 관대해지는 방법을 수련해야 합니다.

일곱 번째 수련인 '단순화'는 지금처럼 변화가 빠르고 24시간 숨 막히게 연결된 시기에 결코 쉽지 않은 일입니다. 단순해지려면 현재에 계속 집중하고 충실해야 합니다. 또한 어떤 상황에 놓이더라도 자신에게 가장 중요한 것이 무엇인지 잊지 않고, 시야를 흐리게 만들지 않아야 합니다. 그리고 스스로에게 이런 질문을 던져봅시다. '나는 나 자신과 타인에게 무엇을 해주고, 어떻게 도움을 줄 수 있을까?'

이런 교훈과 수련은 우리 모두의 삶에 끊임없는 가르침을 선사합니다. 지금 세상에는 그 어느 때보다 절실하게 마음챙김 리더가 필요합니다. 제가 샌프란시스코 선원禪院 식당에서 일하면서, 그리고 구글에서 마음챙김 리더십을 가르치면서 얻은 이 깨달음들은 일과 관계, 삶 속에서 우리를 성장시키고 뒷받침해 줄 것입니다.

2021년 10월
캘리포니아 밀 밸리에서,
마크 레서

일러두기

· 본문의 각주는 모두 옮긴이 주이다.

목차

전략은 조직문화의
아침 식사거리 정도밖에 되지 않는다.
_피터 드러커Peter Drucker

이 문장은 세계적인 경영학 베스트셀러 작가이자 교수, 컨설턴트인 피터 드러커가 남긴 유명한 격언으로 경영학계에서 굉장히 널리 알려진, 이견이 존재하지 않는 말이다. 이 격언은 궁극적으로 기업문화는 성공을 위한 경영 전략보다 더 중요하다는 진실을 포착하며, 오늘날의 격동하는 경영 환경에서도 날이 갈수록 강한 설득력을 얻고 있다.

그렇다면 무엇이 기업문화를 구성할까? 바로 사람이다. 사람들은 협력해서 문제를 해결한다. 나는 이런 원리를 경영계의 '추잡한 비밀'이라고 부른다. 이는 매일 압박과 불안, 바쁜 일정에 시달리다 보면 간과하기 쉬운 원칙이다. 사업은 사람이 함께 하는 일이다. 따라서 사업의 성공 여부는 얼마나 능숙하게 상호작용하고 협력하며 의사소통을 하는지, 또 얼마나 서로 관심을 기울이는가에 달려 있다. 이것이 드러커가 위의 격언에서 전달하고자 의도했던 핵심이다.

　나는 우리가 이 사실을 머리로 알고 있을 뿐만 아니라 일터와 삶 전반에서 추구한다고 생각한다. 우리는 창조하고 싶어 하며 서로 돕는 긍정적인 문화의 일부가 되고 싶어 한다. 서로를 향한 진정한 신뢰와 관심이 존재하고, 투명하고 통합적이며, 기꺼이 책임지고 결과를 창출하는 문화 말이다. 이러한 문화는 개인이나 조직 전체가 명확하게 행동하고 머뭇거리지 않게 만든다. 또한 모든 관계에서 가능한 한 확실하고 완전하게 전념하고 번성하고 성장하게 만든다. 또한 타인에게 도움이 되고 목표를 이룰 수 있게 해준다.

　이런 문화를 달성하기는 쉽지 않다. 그런 인간이 되는 것도 쉬운 일이 아니다. 타인과 함께 일하는 것은 대단히 까다로운 일이다. 고통스러운 감정이나 스트레스, 불확실성, 비용 문제, 마감, 관계에서의 갈등, 정치나 시장에서의 문제, 의미 있는 일을 할 때마다 나타나는 예기치 못한 장애물 등 고난은 항상 발생하기 마련이다.

　그렇다면 우리는 어떻게 해야 할까? 모두가 입을 모아 필요하다고 말하는 것을 어떻게 창조하고 유지할 수 있을까? 나는 이 책에서 이런 질문들에 대한 답을 탐색할 것이다. 최고경영자와 기업가, 기술자, 의사, 교사, 전 세계 평범한 사람들에게 가르쳤던 마음챙김 리더십을 위한 일곱 가지 수련법을 독자들에게 안내하고 영감을 주고 싶다. 최근 몇 년간 마음챙김과 마음챙김 리더십이 폭발적인 인기를 얻었지만, 마음챙김에 관심이 있다고 해서 모두 마음챙김 리더가 되는 것은 아니다. 마음챙김은 이해하기 쉽지 않은 개념인 데다 일상에서 구현하고 꾸준히 실천하기는 더 어렵다. 더구나 마음챙김의 의미와 실천 방법은 현장에서 정신없이 일하다 보면 전후 사정에 따라 본래의 뜻이 흐려지거나 완전히 간과되기 쉽다. 물론 예로부터 이어진 명상 수련이 경영을 개선하려고 발전했던 것은 아니다. 명상의 본래 의도는 인간의 의식과 인간이 세상에서 존재하는 방식을 바꾸는 것이다. 하지만 마음챙김 리더십을 갖추고 기업과 사람을 번성하게 하는 협조적 조직문화를 창조하려면 이런 수련이 꼭 필요하다.

마음챙김과 관련하여 내가 한 경험들은 상당히 독특한 편이다. 성인이 된 이후 나는 명상과 경영 양쪽 모두에 발을 담근 경험이 있다. 마음챙김 리더십에 대한 접근법을 만들어나갈 때 이 두 가지 경험이 모두 작용했다. 오랜 세월 참선하는 사람이자 명상 강사로서 활동한 경험과 기업에서 마음챙김 리더십을 개발하고 일터에서 행복할 수 있게 도와주는 리더, 교육자, 컨설턴트로 일했던 경험이 이 책에 모두 반영됐다. 최근에 나는 구글에

서 마음챙김을 기반으로 한 감성지능 프로그램인 '내면 검색Sear
-ch Inside Yourself 프로그램' 개발에 참여했다. 또한 내면 검색 리더
십 연구소를 공동 창립하고 운영하여 세계에서 손꼽히는 리더
십 훈련 회사로 발돋움시켰다.

　　이 책에서 제시하는 일곱 가지 수련법은 내면 검색 프로그
램을 구축하는 과정에서 개발됐다. 나는 이 경험을 통해 비즈니
스 세계에서 마음챙김 수련에 끌리는 사람은 수련의 전통을 막
론하고 마음챙김과 명상을 실천하는 사람과 같은 동기를 지녔
다는 사실을 깨달았다. 이들은 자기 삶을 바꾸고 싶어 하고, 더
욱더 철저히 인식하고 집중하며 유연해지고 싶어 한다. 이들은
좁고 자기중심적이며 공포에 기반을 둔 존재 방식에서 더 개방
적이고 호기심이 넘치고, 다른 사람을 도울 수 있는 존재 방식으
로 옮겨 가기를 원했다. 이들은 이런 능력을 얻어서 모든 상황과
관계에서, 일터와 일터 바깥에서 도움을 받고 싶어 한다.

　　이를 위한 실천 원칙과 마음챙김 리더십에 대한 접근 방식
은 오래전에 내가 샌프란시스코 선원에서 생활하면서 일하고
수련하던 10년 동안의 경험으로부터 나왔다. 나는 샌프란시스
코 선원 본원에서 2년, 그린 걸치 농장Green Gulch Farm에서 3년, 캘
리포니아 중부의 로스 파드레스 황야에 있는, 미국 최초의 선원
인 타사하라Tassajara에서 5년을 보냈다.

타사하라와 참선 전통에 따르면 일은 일상생활과 통합적 명상 수련의 핵심이다. 일은 서비스하는 공간이자 지속적인 학습이 이뤄지는 그릇이다. 나는 타사하라에 들어간 첫해 여름에 주방에서 설거지를 담당했고, 이듬해부터 주방 직원으로 합류하여 빵을 굽고 주방장을 보조했다. 그러다 스물여덟 살이 됐을 때 선원 주방의 주방장이 됐다. 나는 선원 주민이자 수련생 70명과 매일 선원을 방문하는 70~80명분의 식사를 준비하는 사람들 열다섯 명을 감독하는 일을 맡게 되면서, 마음챙김과 마음챙김 리더십을 수련하고 구현하기를 갈망했다.

매년 여름, 방문객이 찾아드는 계절이 되면 우리는 매일 수련생에게 제공할 간단한 채식과 손님들을 위한 고급 채식 요리 세끼를 준비했다. 우리가 내어놓는 음식에 대한 기준과 기대는 높기만 했다. 타사하라는 50년이 넘는 전통을 자랑하는 선원으로 맛있고 몸에 좋으며 창의적인 음식을 내놓는 것으로 유명하다. 지금도 세계 최고의 채식 레스토랑으로 손꼽히는 샌프란시스코 그린스 레스토랑Greens Restaurant의 시초가 되기도 했다.

나는 타사하라 식당이 전문 식당 수준으로 운영될 수 있도록 주방을 감독하고 수련생과 방문객에게 식사를 대접하는 일을 책임지고 있었다. 하지만 당시 내가 세운 가장 우선순위의 일은 마음챙김 수련 문화를 뒷받침하는 것이었다. 주방에서 일하는 모든 이가 절실함과 집중력, 너그러움, 자신감, 평정심을 발휘하여 일하는 문화를 만드는 것이 내가 해야 하는 가장 중요한 일이었다. 달리 말하면 내게는 주방장으로서 두 가지 목표가 있었다. 협조적이고 애정이 넘치며 생산적인 업무 환경을 창조하는 것. 그리고 훌륭한 식사를 제때 제공하는 것. 어느 하나 희생할 수 없는 목표였다.

사실 선원에서 주방은 마음챙김 수련의 중심부이며 또 다른 중심부인 명상 홀과 밀접한 관련을 맺고 있다. 주방과 명상 홀은 서로 철저히 연결된 장소이면서 노력과 방관, 이기심과 이타심을 포용하고, 공동체를 창조하며, 관심과 활력, 영혼을 표현하고 기리는 곳이다. 주방은 일터임과 동시에 서로 지지하고 지지를 받는 곳이다. 영혼과 의식, 명상에 대한 접근을 현실에서 구현해내는 곳이기도 하다.

나는 주방장으로서 한 가지로 보이는 두 가지 활동에 많은 시간을 쏟았다. 우리는 온전히 집중하고 의식하고 타인에게 관심을 쏟으면서 음식을 만들고 주방을 운영했다. 가끔 마음챙김 리더십을 발휘하는 것과 주방에서의 일을 완수하는 것이 서로 경쟁관계에 놓인 일처럼 느껴지기도 했다. 둘을 동시에 달성할 수 없으며, 하나를 다른 것보다 우선시해야 할 것만 같았다. 선원에서도 주방은 매우 빠르게 돌아가며 역동적이고 스트레스가 심한 환경이다. 준비할 것이 많고, 세밀하며 복잡한 과정이 존재하고, 직원들은 비좁게 붙어서 함께 일한다. 곧잘 일의 우선순위가 바뀌는가 하면, 마감이 빡빡하고, 상호 연결되어 있고, 때로는 불합리하다. 타사하라 선원의 주방에서 일하는 직원들은 모두 선 수련생으로 전문 요리사나 주방 직원이 아니었다. 게다가 그곳은 외딴곳에 위치해 있었다. 내가 주방장으로 일했던 당시에는 식재료가 떨어지면, 달걀이든 다른 핵심 재료든 가장 가까운 가게까지 두 시간 이상 가야만 했다. 따라서 우리는 이런 상황에 적응하고 문제가 발생했을 시에는 임기응변을 발휘해야 했다. 게다가 주방에는 전기가 들어오지 않아서 모든 것을 기계의 도움 없이 손으로 준비해야 한다.

그때를 돌아보면 어떻게 그만큼 성공할 수 있었는지 의아해지곤 한다. 한여름 오후였던 어느 날, 처음 보는 방문객들과 함께 방문자 식당에서 둘러앉아 점심을 먹은 적이 있다. 나와 마주 앉은 여성은 자신을 경영대학원 교수라고 소개했고, 나에게 이런 질문을 던졌다.

"이 조직을 뒤에서 이끄는 두뇌가 누구인가요?"

그녀는 처음 타사하라에 방문했고 음식과 서비스의 품질, 전반적인 경험에 깊은 인상을 받았다고 했다. 방문객들이 보기에 타사하라는 많은 면에서 매끄럽게 운영되는 기업 회담장 같았다. 나는 이 사업체를 뒤에서 이끄는 두뇌는 이곳을 사업체로 보지 않고 일하는 사람들이라고 대답했다. 타사하라는 수련하고 마음챙김을 단련하는 공간이다. 즉, 무엇이든 그 정체성과 달라지길 바라는 마음을 내려놓고, 시시각각 변하는 완전한 경험에 의식을 집중한다는 뜻이다.

내가 봤을 때 타사하라 주방은 마음챙김 업무와 마음챙김 리더십이 무엇을 의미하는지, 압박과 피로, 부담을 느끼면서도 어떻게 기쁨과 사랑을 경험할 수 있는지 증명하는 모범 사례다. 그곳에는 마법에 가까울 정도로 수준 높은 학습과 유쾌함, 사람들에게 자양분을 제공하는 일에 대한 즐거움과 만족감이 존재했다.

여러 활동을 하면서도 마음챙김 수련과 일, 리더십을 하나의 맥락으로 통합할 수 있다. 그러려면 자신과 타인, 시간, 누군가의 노력이 귀하다는 사실을 인식해야 한다. 마음챙김 업무와 마음챙김 리더십은 성공을 위한 기술을 필요로 하고, 동시에 그 기술을 단련해준다. 이런 역학이 이 책에서 궁극적으로 말하고자 하는 바다. 나는 폭넓은 경험에서 얻은 교훈을 일곱 가지 핵심으로 압축했다. 부디 이 내용들이 여러분이 일을 하면서 마음챙김과 리더십을 통합할 때 도움이 되기를 바란다. 명상과 마음챙김의 효능은 일터에서뿐만 아니라 전반적인 삶의 질을 끌어 올리는 데 적용할 수 있다. 당신이 무엇을 시도하든 성공할 수 있게 도와주는 유용한 삶의 기술인 것이다.

°

큰 마음과 작은 마음

마음챙김 자체는 그리 새로운 개념이 아니다. 13세기 일본에서 선불교를 창립한 도겐Dogen 선사는《전좌교훈典座教訓, Instructions to the Head Cook》이라는 수필에서 주방을 이끌 때는 세 가지 핵심 규칙, 혹은 '세 가지 마음'을 지켜야 한다고 조언했다.[1] 그 세 가지는 즐거운 마음(모든 것을 받아들이고 감사하는 마음), 할머니의 마음(조건 없이 사랑하는 마음), 현명한 마음(변화하는 현실을 철저히 받아들이는 마음)이다.

마음챙김 수련 자체는 수천 년에 걸쳐 발전하고 변화를 거듭해온 다채로운 영적 전통에서 비롯했다. 역사적으로 사람들은 빠른 변화로 극도의 스트레스와 불안, 불확실성이 동반되는 시기에 마음챙김에 끌리는 경향이 있으며, 우리가 살아가는 지금이 바로 그런 시대다. 또한 마음챙김은 수백 년에 걸쳐 가장 활기차고 시급한 시대의 요구에 맞춰 적응하고 통합됐다. 마음챙김은 영적인 전통에 영향을 미쳤을 뿐만 아니라 일상적인 삶과 예술, 음식, 교육, 일 등 문화의 여러 측면에 침투했다.

자기의식을 키우는 것은 마음챙김 수련의 핵심이지만, 그것이 의도하는 바는 단순히 자신을 인식하는 수준을 넘어선다. 마음챙김은 삶에 대한 한층 폭넓고 포괄적인 관점을 육성하고, 자신에 대한 걱정을 내려놓으면서 좀 더 보편적이고 덜 이원적인 인식을 추구한다. 이를 선불교에서는 '작은 마음에서 큰 마음으로 옮겨간다'라고 표현한다.

매 순간 우리의 경험은 대부분 개인적인 자아, 나, 내 것을 위주로 한 작은 마음의 세계를 기반으로 한다. 이런 작은 마음을 가리키는 과학적인 명칭도 있다. '내정 상태 회로default mode network'는 현재 순간에 여유로운 마음으로 기민하게 반응하며 명확하게 바라보기보다 미래를 걱정하거나 과거를 돌아볼 때 활성화되는 뇌의 특정한 부위를 뜻한다. 심리적인 관점에서는 자아와 비슷한 개념이다. 마음챙김 수련은 배움과 감사를 통해 우리로 하여금 작은 마음에서 큰 마음, 즉 한층 개방적이고 호기심으로 가득하며 포용력 있는 관점이나 존재 방식으로 나아가도록 성장시킨다. 마음챙김 리더십에서 중요하게 여기는 바는 명상으로 단련한(하지만 언제든 다가갈 수 있는) 큰 마음의 경험을 작은 마음에서 비롯되는 걱정이나 일상생활의 압박, 즐거움에 적용하고 타인과 협력하여 눈앞의 시급한 목표를 달성하는 것이다.

이후 나는 주방장으로 일하다가 타사하라 선원의 책임자가 되어달라는 요청을 받았고, 그것을 계기로 마음챙김 리더십을 더욱 폭넓게 경험할 수 있었다. 타사하라는 비단 선원뿐 아니라 작은 사업체가 으레 겪기 마련인 수많은 문제와 맞닥뜨렸다. 예를 들어 타사하라가 거둬들이는 수익은 샌프란시스코 선원의 주요 자금원이다. 또한 타사하라에서는 매년 여름이면 워크숍이 열리고, 일일 방문객을 받아들이는 수련원 역할을 한다.

나는 몇 년간 타사하라 선원의 책임자로 근무한 후 이곳을 떠나 뉴욕대학교 경영대학원에서 석사학위를 따기로 했다. 그 무렵 내 안에서는 경영학을 공부하여 비즈니스와 리더십에 통합적 마음챙김을 적용하여 지금껏 배운 것을 시험하고 싶은 열망이 들끓고 있었다(그리고 두렵기도 했다). 그 무렵, 나는 이러한 접근법의 분명한 장점을 아래와 같이 정의했다.

· 마음챙김 리더십은 우리의 일과 삶에 풍부한 경험을 더해준다. 평범하고 일상적인 업무가 강렬하고, 의미 있고, 가끔 특별하게 느껴진다.
· 마음챙김 수련과 업무, 인력 관리, 성과 달성 간에 격차가 사라진다.

· 스트레스와 고난, 장애, 문제로부터 교훈을 얻고, 이것들을 그 저 피해야 하는 존재가 아니라 성장을 위한 통합적 과정의 일 부로 받아들인다.
· 모순과 우선순위 사이의 충돌을 인식하고, 이것들을 해소하 고자 노력하면서 유연성과 이해력을 키운다.
· 시간을 초월한 감정을 비롯해 힘들고 특별한 상황 속에서도 기쁨을 느끼게 된다.
· 어떤 활동을 하든지 간에 자신감과 겸손을 동시에 함양한다.
· 각자의 개성을 존중하는 동시에 조직의 통일성도 성취한다. 즉, 조직의 구성원 각자가 특정한 역할을 다하면서도 한 팀을 이루고, 서로 돕고 도움을 받으며 함께 일한다.
· 개인의 개성을 존중하고 연민하는 것과 업무에서 성과를 올 리는 것, 이 두 가지 측면에서 모두 성공을 거둘 수 있다.

나는 그때 이후로 마음챙김 수련과 마음챙김 리더십의 효 과는 지속성과 보편성을 갖고 있다는 사실을 깨달았다. 어떤 상 황에서든, 누구든 마음챙김 리더십의 효과를 접하고 누릴 수 있 는 것이다. 이를 위해 꼭 선원에서 수련할 필요는 없다. 경영학 학위를 따야 하는 것도 아니다. 그저 마음챙김 리더십을 당신이 마주하게 되는 어떤 상황이나 고난, 조직, 역할, 업무 환경에 적용하면 된다.

마음챙김은 존재 방식이자 관점의 변화를 목격하는 일이다. 또한 마음챙김은 실용적이라서(내 경험에 따르면 한없이 실용적이다) 효과적이고 효율적으로 일상의 문제를 해결할 수 있다. 또한 존재 방식을 발전시키며 삶의 경험 자체에 깊이와 풍부함을 더한다. 마음챙김은 모든 업무를 겸손과 자신감으로 대하고, 희망을 품으면서도 한편으로는 희망을 내려놓고 접근할 수 있게 한다. 궁극적으로 마음챙김은 신비로우며 의식, 탄생과 죽음, 삶의 일시성에 관해 의문을 품게 한다. 더불어서 두려움의 감정과 우리를 옭아매고 있는 습관을 내려놓을 때에 비로소 내적 평정과 깊은 애정, 삶에 대한 의미와 소속감이 생긴다는 사실을 직접적으로 경험하게 만든다.

○

고통과 가능성: 마음챙김을 통한 역량 강화

나는 뉴욕대학교를 졸업한 후, 명상과 경영학 분야 양쪽에 모두 발을 담갔다. 물론 지금은 이 두 가지를 하나의 세계로 인식한다.

졸업하고 몇 년이 지나서는 출판사 '브러시 댄스Brush Dance'

를 설립했다. 브러시 댄스는 현재 환경 친화적이고 영감이 넘치는 연하장과 달력을 제작하고 유통하는 업계의 리더로 성장했다(우리 출판사는 세계 최초로 재생용지로 제품을 제작했다). 나는 브러시 댄스를 15년간 운영했고, 그다음에는 리더와 직원들이 마음챙김과 감성지능을 발휘할 수 있게 훈련하는 'ZBA 어소시에이츠 ZBA Associates'를 설립했다. 구글은 당시 우리 회사의 컨설팅 고객 가운데 하나였고, 이를 계기로 나는 구글에서 추진하는 '내면 검색 프로그램' 개발에 참여하기에 이른다.

　운 좋게도 내가 하는 일은 개인과 팀, 회사의 의식과 인식을 끌어올리고 그들이 일터에서 생산성과 리더십을 발휘하며, 웰빙의 삶을 실현하도록 돕는 데 집중한다. 나는 평생에 걸쳐 다양한 형태로 이 일을 해왔다. 최근 들어 마음챙김이 일터에 필요한 기술로 점차 인정받고 있는 추세다. 그렇지만 나는 여전히 이런 질문을 받곤 한다. 경영자와 기업이 왜 당신과 일해야 하는가? 그들이 마음챙김을 탐구하도록 동기를 부여하는 것은 무엇인가?

　나는 이 질문에 주로 두 가지로 답한다. '고통'과 '가능성'이다. 자신의 역할 밖으로 나와서 자신의 취약성과 연약한 마음을 마주하는 일은 고통스럽기 마련이다. 더구나 우리는 가치나 열망, 업무가 조화롭지 않거나 자신의 가능성을 온전히 발휘할 수 없을 때 이를 감지할 수 있다. 예를 들어 자신이 갈등과 어려움을 회피하고 힘든 상황에서 과민 반응한다는 사실을 깨달으면 우리의 내면은 상처받기 쉽다. 그 결과, 자신의 효율성과 영향력을 과소평가하게 된다. 그러나 그러한 한편, 스스로 효과적이고 능숙하게 더 좋은 방식으로 행동할 수 있다는 사실도 우리는 알고 있다. 우리는 가능성을 보고 그 잠재력을 깨달으면서 영감을 얻는다.

살아가고 일하며 남을 이끄는 데 있어 현재 자신이 행하고 있는 방식과 자신이 원하는 방식 사이의 차이를 인식하는 것 자체는 대단한 일이다. 또한 그것은 큰 변화를 일으키는 원동력이다. 이 격차를 효과적이고 실용적으로 줄이는 작업도 그만큼 영감을 주는 일이다. 마음챙김은 두 가지 노력을 기울이는 데 모두 도움이 된다. 그 둘 사이의 격차를 정의하고 그 격차가 줄어들도록 다리를 놓아준다. 사실 나는 이 격차에 이름을 붙일 줄 아는 것만 해도 고통과 가능성을 모두 느낄 수 있는 훌륭한 선물이라고 생각한다. 즉, 지금 당신의 일부를 구성하는 고통과 더불어 더 나은 인식과 만족, 편안함, 효율성, 유대를 느낄 가능성이 커진다. 이 고통과 가능성을 인식하고 참여하고 배우며, 이미 존재하는 격차를 알아내는 것이 내가 생각하는 마음챙김 수련의 핵심이자 리더십 훈련의 필수 요소다. 이는 내가 교육과 워크숍을 진행할 때 마음챙김 리더십의 이해와 수련에 사용하는 뼈대이자 이 책의 기본 접근법이기도 하다.

하지만 일이나 공동체, 가족, 관계, 영성 등 어떤 분야든 실제로 경험하면서 고통과 가능성을 더욱더 절실하게 인식하거나 의식하려다 보면 불편해지기 마련이다. 이는 두렵고 파괴적인 일이기도 하다. 그렇다 보니 마음챙김과 마음챙김 리더십은 겉으로 보는 것보다 실제로 더 어렵다. 하지만 여기에 배우고 변화하며 성장하는 진정한 힘이 존재한다. 그 과정에서 효과적으로 대응하고, 다른 사람과 깊이 유대 관계를 맺으며 문제의 해결책을 발견하고, 창의적으로 생각하고 행동하는 능력이 생겨난다.

우리가 놓친 잠재력과 기회는 사실 제대로 응시하기만 하면 쉽게 보일 때가 많다. 눈앞의 현실이나 고통과 대면하기를 회피하는가? 가치와 열망, 삶이 조화로움을 잃었는가? 당신이 가진 잠재력을 과소평가하고 있다거나 자신을 개발하고 더 명확하게 바라보며 이해와 만족, 유대, 그리고 생산성을 발휘하는 능력을 저버렸는가? 그랬다면 그런 행동들은 어떤 양상이나 방식으로 이루어졌었는가? 나는 나의 수업을 들으러 온 사람들에게 이런 질문을 던졌다. "당신 안에 내재된 힘을 스스로 어떻게 저버리고 있나요?" 다양한 분야에서 일하는 수백 명이 했던 답변과 반응을 여기에 소개한다. 당신에게도 익숙한 답변이 있는가?

· 아니라고 하고 싶지만 그렇다고 대답한다.

· '중요한' 일을 하려고 이것저것 분주하게 건드리지만, 지금 이 순간 내가 하는 일을 감사하게 여기지 않는다.

· 무언가를 결정할 때 지나치게 많이 생각하고, 지나치게 많이 생각했다는 사실을 곱씹어 생각한다.

· 우리가 살아가는 세상에 오늘 무슨 일이 일어나고 있는지 생각하면 무기력해지고 절망을 느낀다.

· 사소한 문제를 두고 나와 타인에게 안달하고 좌절한다.

· 자신의 능력을 과소평가한다.

· 원하는 바를 정확히 요구하거나 필요한 도움을 요청하지 않는다. 혼자서 모든 걸 다 해야 한다고 느끼거나 다른 사람이 내 요구에 응하지 않을 것 같기 때문이다.

· 강렬한 감정 표현을 회피하고 스스로 원하는 것이나 신념에 대한 본능적 느낌을 무시할 때가 많다.

· 불편한 침묵이 두려워서 그저 어색함을 피하려고 말을 늘어 놓는다.

· 조금이라도 슬프거나 불안하면 이메일이나 SNS 같은 기분 전환거리를 찾는다.

· 실수하거나 결과가 좋지 않은 결정을 할까 봐 스스로에게 비판적이다.

- 꾸준히 자신을 돌보지 않는다. 충분한 운동과 수면, 양질의 식사를 하지 않는다.
- 깊은 대화를 회피하고 스스로를 취약하다고 느껴지는 주제로는 이야기하지 않는다.
- 외모나 돈, 지위로 타인과 나를 비교한다.
- 일과 삶에서 자신이 현재 처한 위치와 마음속 깊이 지향하는 위치 사이의 격차에 갇혀서 스스로를 실패작이라고 느끼곤 한다.

　　이런 문제는 누구에게나 어렵고 힘든 문제이지만, 다른 사람이 나에게 의지하고 높은 기대를 품고 있을 때 가장 강렬하게 느낀다. 내면에 단단히 자리 잡은 패턴과 습관이 이런 표현에 녹아 있기 마련이다. 이런 문제를 금방 해결하거나 바꿀 방법은 없다. 하지만 자신의 힘을 어떻게 드러낼지 이름을 붙이는 행위 자체만으로도 용기를 북돋을 수 있다. 이것이 의식의 힘이자 마음챙김 수련의 힘이다.

○

마음챙김 리더십은 '총체적 재앙'이 닥쳤을 때 빛을 발한다

이 책에서 주로 다루는 것은 비즈니스와 직장생활에서의 마음챙김 수련법이지만, 사실 일곱 가지 마음챙김 수련은 우리 삶의 모든 측면에 도움이 된다. 우리는 각자 자기만의 삶을 꾸려간다. 하지만 더 중요한 것은 어떤 일을 하든 일터에서 발견하는 격차는 가정이나 인간관계에서 경험하는 격차와 관련될 때가 많다는 점이다. 고통과 가능성 사이의 격차는 모든 영역에 존재하며, 한 영역에서 이를 인식하면 기존에 초점을 맞췄던 범위를 훨씬 넘어서 삶 전반에 걸쳐 깨달음의 홍수가 밀려들곤 한다.

나는 마음챙김 교육을 시작할 때 참가자들을 짝 지우고 두 가지 질문을 생각해보게 한다. 하나는 '지금 하는 일의 어떤 점을 사랑하는가?'이고, 다른 하나는 '그 일을 하면서 겪는 가장 큰 어려움은 무엇인가?'다. 최근 실시한 교육에서 40대 중반의 여성이 이렇게 대답했다.

"직장을 옮긴 지 얼마 안 됐는데, 통근 시간이 매일 왕복 두 시간 이상 걸려요. 높은 성과를 내고 새로운 기술을 배워야 한다는 생각에 부담이 큽니다. 전 세계에 흩어진 팀원들과 일하면서 각기 다른 업무 시간, 다양한 문화적 차이를 감당하려니 벅차요.

언제든 이메일과 문자 메시지에 당연히 응답해야 하거든요. 게다가 최근에 아이 둘이 학교에 들어갔는데 관심이 많이 필요한 시기라 마음이 쓰여요. 남편도 얼마 전 직장을 옮긴 상황이고요."

그녀는 자신이 처한 취약한 상황을 누구에게나 와닿을 만한 내용으로 명확하게 전달하면서 모든 이의 집중을 받았다. 다들 그녀가 느끼는 고통을 함께 느끼고 공감했다. 그녀는 과도한 일정에 시달리면서도 마음챙김과 감성지능, 리더십을 배우고자 이틀의 시간을 내어 교육을 왔다. 일과 삶을 변화시킬 가능성을 느꼈기 때문이리라. 그것은 그날 수업에 참여한 다른 사람도 모두 마찬가지였다.

그녀가 마음챙김 리더십을 배우려 한 이유는 업무 자체와 관리자로서 자신에게 폭발적으로 쏟아지는 요구 사항에서 일부 비롯한다. 하지만 그것을 넘어서 그녀 안에는 마음챙김을 삶의 모든 영역에 통합하고 싶은 욕구가 분명히 존재했다. 그녀가 한 말에서 존 카밧진 Jon Kabat-Zinn이 마음챙김에 대해 쓴《마음챙김 명상과 자기치유》를 떠올릴 수 있다. 이 책의 원제는 '총체적 재앙의 삶Full Catastrophe Living'인데 이는 니코스 카잔차키스의 소설 《그리스인 조르바》에서 가져온 표현이다. 소설에서 한 젊은이가 조르바에게 결혼했냐고 묻자 조르바는 이렇게 대답한다.

"응, 결혼했어. 아내도, 아이도, 집도 있지. 총체적 재앙이야."

우리는 저마다 나름대로 '총체적 재앙'을 안고 있다. 일하고 살아가는 상황은 조르바가 상상하는 것보다 훨씬 복잡하다. 우리는 개인적인 '재앙'에 꼼짝 못하고 갇힌 느낌을 받으면서도 여기에 집착한다. 앞에서 발표한 여성은 자기 삶에서 어떤 부분도 바꾸고 싶지 않았을 것이다. 그토록 힘들고 스트레스를 받으면서도 그녀는 일을 그만두려는 생각은 없었다. 그보다는 도구와 수련, 신선한 접근법이나 존재 방식을 통해 자기 일상을 개선하여 삶을 더 즐기고 덜 고통받고 싶었을 것이다. 그녀는 일, 자녀, 남편을 비롯한 삶의 역경에 더 능숙하게 대처하기를 원했다. 자신이 느끼는 격차를 줄이고자 했다.

나는 먼저 그녀가 겪는 어려움과 고통을 인정하고 솔직하게 취약성을 드러낸 것에 감사하다는 피드백을 건넸다. 아울러 앞으로 이틀간 고통에 대처하는 법과 마음을 열고 가능성을 받아들이는 전략을 배우고 연습할 것이라는 사실을 알려줬다. 어려움을 정면으로 맞닥뜨리고 때로는 그것을 즐길 수 있는 가능성, 폭풍 한가운데에서도 차분함과 평정을 되찾을 가능성 말이다. 이것이야말로 마음챙김이 우리에게 하는 약속이다. 우리는 마음챙김을 통해 인식과 패턴을 바꿔서 더 큰 수용을 경험하고, 삶의 혼란과 어려움을 겪으면서도 경이로움을 느낄 수 있게 된다.

°

명상은 눈을 크게 뜨고 살아간다는 뜻

응시하라. 그러면 안목과 그 이상의 것을 얻을 수 있다.

응시하라. 파고들어라.

엿들어라. 귀를 기울여라.

죽기 전에 무엇인가 깨달아라.

삶은 길지 않다.

_워커 에반스Walker Evans

사진작가 워커 에반스가 한 이 말을 처음 읽었을 때, 나는 성인이 된 이후 명상을 통해 응시하는 법을 수련했다는 사실을 깨달았다. 스물두 살 때 샌프란시스코 선원에서 선 명상을 접하면서 내 인생이 바뀌었다. 그 이후 명상을 내 수련법의 기본이자 마음챙김 리더들의 핵심 수련법으로 삼게 됐다.

에반스는 명상을 언급하지 않았지만, 명상의 본질을 완벽하게 포착했다. 우리는 명상하면서 응시하고, 파고들고, 엿듣고, 귀를 기울인다. 내부와 외부를 모두 인식하고 집중하여 스스로 갈고닦으며, 가치 있고 유용한 '무엇인가를 깨닫는다'. 우리는 무엇이 제일 중요한지 이해하고, 삶이 길지 않다는 사실을 절실히 인식하려고 명상한다.

이 책은 리더십에도 일종의 응시가 필요하다는 사실을 전제로 한다. 완전히 의식을 쏟고 몸과 정신, 마음을 집중하며 자신이 중시하는 가치와 의도, 타인의 가치와 의도를 정렬해야 한다.

이상하게도 명상과 리더십에는 공통점이 많다. 둘 다 눈을 크게 뜨고 살아가게 한다. 수련으로서 명상은 믿기 힘들 만큼 단순하다. 그저 하던 일을 멈추고 앉아서 몸과 정신, 마음을 완전히 인식한다. 생각과 감정이 들어오고 나가게 내버려둔다. 선의와 호기심을 키우고 삶의 고통과 실망, 즐거움과 가능성을 어루만진다. 살아 있는 존재, 삶의 모든 것에 감사하고 소속감과 유대를 철저히 인식한다. 명상은 생각과 자기 인식을 내려놓고 진실하고 진정한 자신을 수련하는 방법이라고도 설명할 수 있다.

명상을 통해 삶의 힘과 소중함에 감사하며 살아갈 수 있다. 명상을 포함한 모든 사색 수련은 일상에 깊이와 신성함을 더하는 행위다. 이런 것들이 명상을 마음챙김으로 만든다. 수련을 통해 우리는 무슨 일이 벌어지는지, 현재의 나와 내가 지향하는 바 사이의 격차가 무엇인지 깨닫고 모든 고통과 가능성 그리고 총체적 재앙을 꿰뚫어 볼 수 있다.

우리는 명상하면서 응시하고, 파고들고, 귀를 기울이며, 인식하는 법을 배운다. 일을 해내는 방법뿐만 아니라 저항과 불필요한 노력을 최소화하고 가장 중요한 일을 하는 법을 깨닫는다. 자신이 영향을 미칠 수 있는 것과 없는 것을 인식하여 더 효과적으로 행동할 수 있게 된다. 타인과 더 깊이 교감하고 더 잘 듣게 된다. 명상은 변하려고 온 힘을 다해 노력하고 철저히 수용하는 법을 수련한다는 뜻이기도 하다. 또한 유연성과 적응력, 자신감과 겸손함을 배울 수 있다. 가장 중요한 것은 명상을 하면 마음이 가뿐해지고 냉소적 태도를 버리게 되며, 자신과 타인, 삶의 모든 영역과 절대로 단절될 수 없다는 사실을 마음을 열고 받아들일 수 있게 된다는 점이다. 이는 리더십과 삶의 중요한 특성이다.

。

회피는 자연스러운 일이지만 자기 파괴적이다

무엇인가 시작하고 집중하려면 고통스럽기 마련이고, 우리는 고통을 회피하는 경향이 있다. 이는 자연스러운 반응이다. 하지만 회피하면 가능한 일을 달성하지 못한다. 고통스러운 일에 이름을 붙이고 바꿔야 하기 때문이다. 마음챙김과 마음챙김 리더십, 서로 돕는 조직문화를 창조하고자 할 때 회피는 커다란 장애물이 되기 쉽다.

우리는 고통스러운 현실을 응시하고, 눈을 뜨고 잠에서 깨어나겠다고 선택해야 한다. 그렇지 않고 회피가 습관이 되면 자신과 자기 삶에 진심으로 집중할 수 없다. 그 결과, 무감각해지고 현재 상태에 소홀해지며 현실을 명확히 보지 못하게 된다. 이런 현상은 리더십과 일터의 영역을 넘어 인간에게 보편적으로 나타나는 문제다. 우리는 회피 반응을 내재화하면서 진화했다. 항상 모든 것을 볼 수는 없다. 인간은 고통을 일으키는 존재를 자연스럽게 외면하며 변화를 좋아하지 않는다. 회피는 자기 보호의 방편처럼 느껴지기도 한다. 하지만 회피는 자기 파괴로 이어진다. 현재 상태가 싫어도 그것을 최대한 직면하고 바라보는 법을 배우면 스스로 시험하고, 변화하고, 삶을 바꾸는 강력한 기술을 얻을 수 있다.

나의 삶을 예로 들어보겠다. 내가 보기에 내 인생의 초반은 대부분 잠든 상태였다. 나는 어린 시절 뉴저지주 교외에서 성장했는데, 당시 나는 스스로 상당히 '정상적인 삶'을 산다고 생각했다. 성적이 좋았고 볼링이나 골프, 축구, 야구 같은 운동도 즐겨 했다. TV를 끼고 살다시피 했고, 여름에는 이런저런 아르바이트를 전전했다. 골프장에서 캐디로 일하는가 하면 목재 저장소에서 자재를 쌓고 동네 병원 세탁실에서 일하기도 했다. 내가 먹는 음식은 대부분 가공식품과 통조림이었다.

이런 삶에 대한 무감각, 무시, 불편할 때마다 외면하는 성향은 태어날 때부터 나의 일부나 마찬가지였다. 어머니는 나를 낳을 때 많은 약물을 맞으며 고통을 최소화했다. 이런 일은 학교에서도 계속됐다. 학교에서는 핵폭탄에 대비한다며 몸을 웅크리고 머리를 손으로 감싸는 훈련을 정기적으로 했다. 보훈 병원에 면회를 갔을 때도 마찬가지다. 아버지는 그곳에서 조울증 충격 치료를 받았는데, 지금 생각해보면 아버지는 외상 후 스트레스 장애를 앓으셨던 것 같다. 제2차 세계대전 당시 프랑스와 독일의 최전방에서 싸웠던 분이니까.

어릴 때는 몰랐지만 지금에 와서 돌아보면 나는 두 가지 세상 사이에 존재했다. 단절된 느낌의 세상과 교감하는 느낌의 세상. 잠든 채로 나와 내 주변의 고통을 인식하지 못하는 상태와 강렬한 느낌, 눈물, 슬픔, 흥분과 기쁨이 공존하는 세상. 내 마음의 깊이와 열망을 무시하고 모든 것이 괜찮다고 가장하는 세상과 열망, 노력, 사랑이 존재하는 세상. 복잡하게 뒤얽힌 세상의 '총체적 재앙'과 이를 극복하고자 시도해보려는 노력을 통해 나는 이 모든 것을 이해할 수 있었다.

오늘날에도 이와 비슷한 서사가 작용한다. 우리는 상반된 세상 사이에 존재한다. 그렇기 때문에 마음챙김과 마음챙김 리더십은 그 어느 때보다 절실하게 필요하다. 마음챙김의 지혜는 언제나 늘 필요했지만 요즘 들어서는 그 중요성과 강도가 특히 커졌다. 기후변화와 핵무기, 불평등, 테러리즘이 이슈가 되는 세상이다. 세계 경제와 정치, 의료에 커다란 변화가 연일 이어진다. 우리에게는 현실이 흘러가는 대로 몸을 맡기거나 거부하는 태도가 아니라 더 강력하게 집중하고 인식하며, 깨어 있는 의식으로 전환하는 힘이 필요하다. 자신의 고통을 인정하고 응시하며 파고드는 한편, 그것을 바꿀 수 있는 우리 안의 가능성을 인식하는 힘 말이다.

우리는 이제 막 우리의 현재 상태와 가능성에 눈을 뜨기 시작했다. 사실 쉽지 않은 일이다. 지나가는 시간에 대한 안타까움, 삶이 길지 않다는 사실을 인식하면 마음이 아프기 마련이다. 그러나 그와 동시에 삶의 경험 자체를 비롯하여 인간 삶 전체에 존재하는 고통과 가능성은 우리를 고양되게 한다. 나에게 주어진 삶에 감사하는 것. 내 삶을 있는 그대로 보고, 받아들이는 것. 삶의 고통과 가능성을 두루 포함하여 최대한 내 삶을 즐기는 것. 이것이 이 책 속에 담긴 일곱 가지 마음챙김 수련법의 전부다.

'감성지능'이 기업 현장에서 실패한 까닭

1995년 대니얼 골먼Daniel Goleman이 쓴 획기적인 책《EQ 감성지능》는 기업과 경영자에게 감성 기술과 감성 역량의 중요성을 일깨웠다. 골먼의 저서는 감성지능에 대한 폭발적인 관심을 불러일으켰다. 이후 전 세계 기업들이 감성지능을 빠르게 받아들였고 리더십 교육에 활용했다.

이런 현상을 이해하기는 어렵지 않다. '감성지능'을 정량화하거나 측정하기는 어렵지만, 누구나 감성지능이 중요하다는 사실도 알고 있다. 감성지능에는 다섯 가지 핵심 영역 혹은 기능이 존재하고, 이를 개발했을 때 어떤 효과가 있는지에 대해 많은 사람들이 동의했다. 이와 관련된 연구 결과들이 이를 뒷받침한다.

— **자기 인식**: 자신의 내면 상태와 선호, 자원, 직감을 깨닫게 한다.

— **자기 관리**: 충동을 선택으로 전환한다. 충동과 자원, 직감을 관리한다.

— **동기부여:** 무엇이 중요한지 알고 자신이 중시하는 가치에 맞춰 상황을 조율하며, 가치와 정렬되지 않을 때 이를 인식하게 만들고, 회복력을 키워준다.

— **공감 능력:** 타인의 기분을 인식하며 유대와 신뢰를 형성하게 한다.

— **사회성:** 의사소통의 기술을 키워준다. 특히 귀를 기울이고 갈등에 능숙하게 대처하며 자비로운 리더십을 발휘하게 한다.

모두 멋진 말이다. 감성지능은 이상적인 비즈니스 리더를 매력적으로 형상화한다. 많은 사람들이 감성지능 교육을 통해 일터에서 혁명이 일어나고, 피터 드러커와 많은 전문가가 필요하다고 했던 긍정적인 기업문화가 창조될 것으로 예상했다. 하지만 흥미롭게도 미국을 비롯한 전 세계에서 감성지능 프로그램을 받아들였으나 기대했던 혁명은 일어나지 않았다. 리더십과 업무 환경, 직원들의 삶의 질은 예전과 달라지지 않았다.

《EQ 감성지능》이 출간되고 10년 후, 골먼은 후속으로《감성지능으로 일하기Working with Emotional Intelligence》를 출간했다. 이 책의 '10억 달러짜리 실수' 챕터에서 골먼은 무엇이 잘못됐는지 설명했다.[2] 그의 지적에 따르면 기업은 조직의 리더들에게 감성 지능을 다른 전략과 다를 바 없이 주로 강의와 읽기를 통해 교육했다. 개념을 가르치긴 했지만 이 개념을 연습하거나 현실에서 구현하는 일은 드물었다. 감성지능 프로그램을 수없이 설명하면서도 거의 실천하지 않았다. 변화를 일으키기 위한 근본 핵심 역량을 수련하지 않은 셈이다. 현실에서 변화를 이끌어내기 위해서는 관심을 집중하고, 개인이 현실을 어떻게 구축하는지 탐색하고, 이타성과 자비를 수련해야 한다. 이로써 수련이라는 요소가 없는 혁명은 실패라는 것이 드러났다.

○
수련의 힘

내가 좋아하는 농담이 있다. 타지에서 뉴욕에 온 사람이 길을 지나가던 낯선 이에게 묻는다.

"카네기 홀에 어떻게 갑니까?"

지나가던 이는 망설이지 않고 대답한다.

"연습하고 또 연습하고, 계속 연습해야죠."

"현재의 자신과 내가 바라는 자신 사이의 격차를 어떻게 메워야 하나요?"

사람들이 이렇게 물을 때 나는 항상 같은 대답을 하고 싶다.

"수련해야죠."

익살맞지만 사실이다. 수련은 맥락에 따라 다양한 의미를 지닌다. 앞서 소개한 농담처럼 수련하지 않으면 그 어떤 일에서도 성공할 수 없다. 여러 번 반복해서 탐구하지 않으면 필요한 기술을 배울 수 없다. 피아노를 연주하든 테니스를 치든, 공연을 준비하든 보고서를 쓰든 우리는 반복을 통해서만 나아진다. 늘 부단히 실천해야 한다. 이런 의미에서 수련은 학습과 기술, 경쟁력을 확대하려는 의도적인 행위로 볼 수 있다. 의학이나 법학에서는 충분히 수련한 사람에게만 자격증을 주어 전문 업무를 진행하도록 허용한다. 이런 관점에서 보면 '수련'은 평생 연구하고 노력해야 할 사업이나 전문적 역할을 가리키는 단어이기도 하다.

샌프란시스코 선원에서 생활(그리고 수련)하는 동안 나에게 수련이라는 단어는 삶의 방식을 의미했다. 즉, 명상 수련뿐만 아니라 삶의 가장 깊고 본질적인 의도를 표현하는 말이었다. 나는 명상과 마음챙김 수련을 관계와 일, 일상적 활동과 통합하기를 갈망했다. 이런 의미에서 '수련'은 우리가 지향해야 할 관점이다. 수련은 모든 행위와 가치, 의도의 통합을 추구한다.

나는 이런 이유로 이 책에서 소개하는 일곱 가지 역량에 '수련'이라는 이름을 붙였다. 마음챙김 리더십의 기술을 쌓고 통합하려면 이 일곱 가지를 수련해야 한다. 일곱 가지 영역을 하나씩 수련해나가다 보면 삶의 고통을 가능성으로 바꿀 수 있을 것이다.

수련은 가치와 의도를 행동으로 표현한다. 동일한 행위를 반복함에 따라 시간이 지나면서 근육 기억을 형성한다는 측면에서 수련은 습관과 같지만, 수련의 힘은 좋은 습관을 넘어선다. 수련은 모든 가능성을 실현하고 나와 타인을 돕겠다는 궁극적인 열망에 따라 삶을 변화시키려는 의도를 표현한다.

。

일곱 가지 수련: 마음챙김의 실천

마음챙김의 특성은 여러 가지 방식으로 정의할 수 있다. 하지만 나는 마음챙김 리더를 교육한다는 목적에 따라 다음의 일곱 가지 방법으로 마음챙김 수련을 요약할 것이다.

· 일을 사랑하라
· 일을 하라

· 전문가가 되려고 하지 마라

· 자신의 고통과 교감하라

· 타인의 고통과 교감하라

· 타인에게 의지하라

· 단순화하라

이 일곱 가지 방법은 전형적인 마음챙김 지침과는 다르다. 내게 마음챙김은 일반적으로 묘사되는 것보다 훨씬 깊고 넓으며, 훨씬 강렬하고, 불규칙적이고, 불가사의한 존재다. 마음챙김에서 중요한 것은 명상에 성공한다거나 특정 개념을 이해한다거나 분주한 세상을 차단하고 내면의 평화를 얻는 것이 아니다. 그보다는 실존하는 세계와 이미 살아가는 삶 속에서 한층 생생하고 기민하게, 효율적이고 따뜻한 마음으로 존재하기를 추구하는 것이다.

마음챙김을 설명하고 이해하기 어려운 이유는 다분히 역설적이기 때문이다. 예를 들어 저명한 선불교 스승 스즈키 순류 Suzuki Shunryu는 이렇게 말했다.

"당신은 이대로 완벽하며, 조금쯤 개선할 수 있다."

이는 앞서 마음챙김 교육에서 자신의 경험을 발표했던 여성의 역설적인 목표와도 비슷하다. 그녀는 자신의 경험을 전혀 바꾸지 않으면서(혹은 놓지 않으면서) 모든 경험을 변화(혹은 개선)시키고 싶어 했다.

마음챙김 수련은 보편적인 세상과 상대적인 세상, 혹은 큰 마음-Big Mind와 작은 마음-Small Mind이라는 두 가지 세상을 동시에 응시하고 포용한다. 한편 자신과 경험에 대한 철저한 수용을 추구한다. 당신은 보편적인 세상에서 있는 그대로 완벽하다. 하지만 상대적인 세상에서는 얘기가 달라진다. 개선해야 할 것은 이 세상에만 존재한다. 절대적 관점에서 당신은 노력, 고통, 열망, 혐오를 포함하여 진실로 완벽하다. 하지만 마음챙김 수련의 핵심은 개인적인 패턴과 성향, 두려움과 불만족에 익숙해지고 깊숙이 관여하여 일상적인 문제를 무시하거나 밀어내지 않고 바꾸는 것이다.

이 책의 각 장에서는 수련을 이해하고 깨달을 수 있게 도와줄 다양한 문제와 실험, 활동이 제시된다. 일곱 가지 수련은 서로를 기반으로 이뤄지며 나는 이를 '탐색, 소통, 통합'이라는 세 가지 카테고리로 분류하고 묶었다. 앞의 네 가지 수련은 주로 자기 탐구와 인식이라는 내면 활동에 초점을 맞춘다. 그다음에 제시되는 두 가지 수련은 타인, 일, 세상과의 관계에 집중한다. 마지막 일곱 번째 수련은 이 모든 수련을 통합한다. 궁극적으로 일곱 가지 수련은 함께 작용하여 언제든 가장 중요한 것을 깨닫고 효율적으로 결정을 내릴 수 있게 해준다. 이 모든 내용들은 당신이 마음챙김 수련자이자 리더로 발전할 수 있도록 돕는 지침서이자 참고서 역할을 할 것이다.

다음은 이 책에 담긴 일곱 가지 수련을 간단히 소개한 내용이다.

탐색

— **일을 사랑하라:** 가장 중요한 것을 깨닫는 것이 시작이다. 무엇보다 깊고 진심 어린 의도인 당신 안의 열망을 인정하고 육성한다.

— **일을 하라:** 꾸준히 명상과 마음챙김 수련을 실천한다. 일과 삶의 모든 영역에서 적절히 대응하는 법을 배운다.

— **전문가가 되려고 하지 마라:** 자신이 옳다는 생각을 버린다. 더 큰 호기심과 개방성을 갖고 자신의 취약성을 수용한다.

— **자신의 고통과 교감하라:** 인간으로서 당연히 겪는 고통을 피하지 않는다. 고통을 배움과 기회로 바꾼다.

소통

— **타인의 고통과 교감하라:** 타인의 고통을 외면하지 않는다. 타인의 삶을 비롯해 모든 인류와 깊은 교감을 형성한다.

— **타인에게 의지하라:** '독립성'이라는 잘못된 감각을 버린다. 타인을 격려하면서 동시에 타인으로부터 격려를 받아 집단 안에 건전한 역학 관계를 조성한다.

통합

— **단순화하라:** 결핍 위주의 사고방식을 버린다. 경이로워하고 감탄하는 법을 배운다. 마음챙김 수련과 결과를 통합한다.

∘

수련의 기원

이 일곱 가지 수련을 나 혼자 발전시킨 것은 아니다. 그 시초는 내가 개발에 참여했던 구글의 마음챙김 기반 리더십 교육 프로그램인 '내면 검색'이다. 이 점진적 프로세스는 수련의 본질을 파악하고 내가 비즈니스와 마음챙김을 통합하는 방식에 꼭 필요했으므로, 그 배경을 소개하면 독자들에게도 도움이 될 듯하다.

2006년, 리더십 컨설턴트인 내게 구글은 주요 고객이었다. 나는 캘리포니아 마운틴뷰에 있는 구글 본사에서 정기적인 리더십 및 팀워크 프로그램을 통해 그곳의 엔지니어들을 교육했다. 그러던 어느 날 차드 멩 탄Chade-Meng Tan이 내게 만나자고 연락해왔다. 구글에서 누군가 나를 '1만 시간 동안 명상 수련을 했고 MBA 학위를 보유했으며 다년간 리더십을 경험한' 사람이라고 그에게 소개했던 것이다. 멩은 누구나 입을 모아 말하는 구글을 대표하는 엔지니어였다.

그는 마음챙김 및 명상에 열의를 불태웠고 명상을 널리 퍼뜨리면 더 평화로운 세상을 창조할 수 있다고 생각했다. 결국 가변적인 업무 시간에서 20퍼센트를 할애하여(구글은 직원에게 업무 시간의 최대 20퍼센트를 핵심 담당 분야 이외의 프로젝트에 쓰라고 권장했다) 마음챙김 프로그램을 창조하기로 마음먹고 회사에 이를 제안했다. 당시에는 이런 프로그램이 존재하지 않았고, 멩은 내게 함께 팀을 이뤄 프로그램을 개발하자고 했다.

그 시점에서 멩은 프로그램의 명칭을 결정했다. 구글의 핵심 사업이 검색엔진이라는 점에 착안해 '내면 검색'이라고 이름을 붙인 것이다. 또한 대니얼 골먼, 존 카밧진 같은 전문가들에게 자문을 구했다. 이 마음챙김 프로그램은 감성지능을 기반으로 구축된 탄탄한 과학적 요소가 존재해야 한다고 봤기 때문이다. 마음챙김 수련이 뇌의 변화와 스트레스, 정서 문제에 더 노련하게 대응한다는 사실은 여러 흥미진진한 데이터들이 뒷받침했다.

2006년, 멍은 첫 내면 검색 프로그램 진행자로 선 스승이자 시인인 노먼 피셔, 사회 명상 마음 센터The Center for Contemplative Mind in Society를 운영하던 미라바이 부시Mirabai Bush를 초빙했다. 나는 두 사람이 프로그램을 진행하는 방법을 관찰하면서 참가자 스물네 명에게 1:1 코칭 수업을 해주었다. 그다음 반복된 내면 검색 프로그램은 노먼과 내가 공동으로 진행했다. 다음 해에는 멍과 나, 뇌과학과 마음챙김의 효과를 연구하는 세계적 과학자 필립 골딘Philippe Goldin이 프로그램 대부분을 공동으로 진행했다.

프로그램은 호평을 받았고 구글에서 높은 인기를 끌었다. 직원들은 명상에 호기심을 보였고 꾸준히 수련했을 때의 효과를 금방 느꼈다. 우리는 참신하고 설득력 있는 명상 과학을 마음챙김 교육의 핵심 요소로 삼았다. 마음을 열었으되 여전히 사실을 중시하는 구글 엔지니어들에게 이는 중요한 측면이었다. 이 프로그램은 사람들의 관심을 자극했고 명상과 마음챙김, 감성지능, 과학, 리더십 기술 사이의 점을 연결하여 압박이 심하고 속도가 빠른 구글의 조직문화를 화두로 삼았다. 무엇보다 중요한 것은 이 프로그램을 통해 한층 개방적이고 신뢰감 있는 환경을 창조하여 구글의 조직문화가 더 배려하고 배우는 공동체로 이어졌다는 점이다. 참가자들은 기꺼이 자신의 취약함을 드러내는 진실한 대화를 했고 고통과 역경, 가능성을 공유했다. 프로그램 참가자들이 더욱 능숙한 리더로 발돋움하고 삶의 질이 전반적으로 눈에 띄게 개선됐다는 사실이 드러나면서 프로그램의 명성이 차츰 입소문으로 퍼졌다. 이는 몇 년 후 진행된 사전 및 사후 자체 보고 조사에서 확인된 내용이다.

2009년 무렵에는 이 프로그램에 참가하고자 희망하는 참가 대기자 명단이 길어졌고, 프로그램이 공지되자마자 눈 깜짝할 사이에 등록이 마감됐다. 2011년 멍과 나는 구글 외부에도 '내면 검색'을 내놓을 때가 됐다고 판단했다. 이윽고 2012년에 멍과 필립, 나는 '내면 검색 리더십 연구소'를 창립했다. 나는 이곳의 최고경영자로 취임했고, 멍은 이사장, 필립은 3순위 이사였다.

2012년 말 연구소는 샌프란시스코 프레시디오에 첫 사무실을 냈다. 상근 직원은 다섯 명이었고 다양한 조직에서 이 프로그램을 시험했으며, 샌프란시스코 시내에서 첫 공공 프로그램을 제안받기도 했다. 2013년에는 구글의 사내 마음챙김 교육 수요를 뒷받침하기 위해 구글 직원 열두 명을 대상으로 첫 교사 교육 프로그램을 시작했다.

내면 검색 리더십을 가르칠 때는 마음챙김과 명상 교습을 중시한다. 우리는 교육 초반, 노먼 피셔에게 열두 명의 교사가 모인 자리에 참석해달라고 부탁했다. 멍이 구글 직원들에게 이야기하는 동안 나는 노먼에게 당신이 다음 발언자라고 알려줬다. 이 사실을 모르고 있던 노먼은 곧 마음챙김을 가르칠 때 가장 중요한 요소를 교육생들에게 설명해야 했다. 그는 차분히 종이에 필기했다.

노먼이 종이에 쓴 것은 자신의 신념으로, 마음챙김을 가르칠 때 필요한 일곱 가지 핵심 원칙이었다. 그는 즉흥적으로 설명했다. 나는 노먼의 말을 들으면서 이 수련은 마음챙김 리더십의 기술에 대한 강력한 접근법이며 마음챙김 교사를 양성하는 수준을 한참 넘어선다고 생각했다. 교육이 끝난 후에 나는 노먼이 말한 수련법을 내면 검색 리더십 연구소 직원들의 책상에 붙이도록 했다. 그리고 이 일곱 가지 수련법을 조직 내에서 창조하고 싶은 조직문화를 구현하는 방침으로 삼았다. 노먼이 알려준 일곱 가지 마음챙김의 핵심 원칙은 내가 사람들에게 리더십을 가르치고 싶은 방식이자 리더로서 보이고 싶은 모습, 내가 살고 싶은 방식이었다.

이후 나는 구글을 비롯해 전 세계 마음챙김 및 리더십 콘퍼런스에서 이 일곱 가지 수련법을 언급했다. 어느 날 아침에는 명상하던 중에 이 일곱 가지 원칙이 마음챙김 리더십의 지침서가 되는 장면을 상상했다. 어떻게 보면 이 책처럼 말이다. 머릿속에서 이 이미지가 떠올랐을 때 나는 나의 친구 노먼에게 전화해서 그의 가르침을 내 다음 책의 핵심 내용으로 삼아도 되겠냐고 허락을 구했다. 그가 대답했다.

"무슨 가르침이요? 기억이 안 나는데요."

나는 노먼이 말했던 일곱 가지 원칙을 불러줬고, 그가 이윽고 대답했다.

"그거 훌륭한데요! 빨리 읽어보고 싶네요."

Part 1
탐색

01

일을 사랑하라

사랑은 우리가 대상에 쏟는 관심의 질이다.
_ J. D. 맥클래치 J. D. McClatchy

마운틴뷰에 자리 잡은 구글 본사에서 공동으로 진행했던 내면 검색 교육 초반에 있었던 일이다. 당시 참가자들은 둘씩 짝을 지어 한 사람이 말하는 동안 다른 사람은 질문하거나 끼어들지 않고 듣기만 하는 '마음챙김 경청' 훈련을 하던 중이었다. 마음챙김 경청은 명상 수행에 포함된 의식을 활용하여 다른 사람과 교류하는 방법이다. 온전히 집중해서 듣는 것 자체가 의사소통 능력을 건전하게 발전시키는 훌륭한 재능이자 중요한 기술이 되는 셈이다. 나는 참가자들을 지도할 때마다 위험을 감수하고 모르는 내용을 기꺼이 말하라고 권했다. 자기가 한 말에 깜짝 놀랄 정도로 말이다. 짝을 지은 두 사람은 돌아가며 두 가지 질문을 던지거나 그 질문에 대답했다. 오늘 여기 온 이유가 무엇인가? 오늘 여기 온 '진짜' 이유가 무엇인가? 이 질문에 대해 참가자들은 몇 분간 각자 대답한 다음, 아무런 방해도 받지 않고 그저 듣고 말하는 느낌이 어땠는지 그룹 토론을 했다.

이 교육을 진행할 때, 강의실 뒤편에 있던 한 젊은 여성이 자신의 파트너에게 얘기하면서 눈물을 닦는 모습이 눈에 띄었다. 그녀의 흐느낌은 시시각각 심해졌다. 모든 참가자의 발언이 끝난 후 나는 참가자들에게 어떤 느낌이 들었냐고 질문했다. 그러자 울고 있던 그 젊은 여성이 제일 먼저 손을 들었다. 자신을 엔지니어라고 소개한 그녀는 마음챙김 경청을 하면서 놀라울 정도로 깊고 강렬한 느낌을 받았으며, 그것이 이곳에 온 진짜 이유를 표현해준다고 말했다. 그녀는 두 가지 질문 덕분에 지나치게 바쁘고 어수선한 삶에서 느낀 상실감과 슬픔을 떠올렸고, 자신이 명상과 마음챙김에 이끌렸던 계기를 기억해낼 수 있었다. 마음챙김 경청과 말하기 연습은 그녀의 내면 깊은 곳에 있던 무엇인가를 건드렸고, 그녀는 이 과정을 통해 스스로 소중한 존재라는 느낌을 받았다. 자신이 단순히 특정한 역할을 수행하는 사람이 아닌 한 사람의 인간으로 인식되는 느낌을 받은 듯했다. 그녀는 이렇게 누군가가 자신을 바라봐주고 가치를 인정해준다는 느낌을 열망했다. 일과 관계에서 주도적으로 더 깊은 유대를 맺고 더 많이 감사하고 싶어 했다.

°
영감과 열망, 그리고 담론: 함께 호흡하기

마음챙김 리더가 실천해야 할 첫 번째 원칙이 '일을 사랑하라'인 것은 우연이 아니다. 마음챙김 수련은 사랑과 깊은 배려에서 시작된다. 사랑은 몸과 정신, 그리고 마음이 하나가 되는 터전이며 한 가지 생각이나 느낌을 넘어서는 존재다.

'일을 사랑하라'는 경이로울 정도로 실용적인 가르침이며, 다양한 상황에서 장애물을 극복하는 데 도움이 된다. 우리는 자신이 사랑하는 것에 특별한 관심을 기울인다. 우리가 하는 '일'은 어렵거나 지루해 보일 때가 많다. 일을 하는 과정에서 모순과 방해물, 차질이 수없이 나타나기도 한다. 그럴 때 사랑으로 접근하면 무엇이 중요한지 눈에 보이고, 일을 하는 과정에서 겪게 되는 어려움을 하나의 과정이자 극복에 꼭 필요한 요소로 받아들이게 된다. 무엇인가 행동에 옮기거나 다른 이와 관계를 맺을 때, 사랑은 무엇보다 강력하고 궁극적인 동기가 된다. 또한 사랑은 당신을 당신답게 만들고, 사물을 더 명료하게 바라보게 하며,

결핍이나 단절이라는 망상에 빠지지 않게 지켜주는 강력한 힘이기도 하다.

사랑에는 여러 종류가 있다. 이 책에서 언급하는 사랑은 신화학자 조지프 캠벨Joseph Campbell이 신화 속 영웅의 여정을 이야기하면서 '소명calling'이라고 묘사했던 첫 번째 단계와 상당히 비슷하다. 소명은 관심사의 변화, 세상에서 한 사람이 존재하는 방식의 극심한 변화를 대변한다. 소명은 우리에게 평범함에 머무르지 말고 비범함을 추구하라고 종용한다. 캠벨에 따르면,

> 모험에의 소명은 숲으로, 지하 왕국으로, 파도 밑으로, 하늘 위로, 비밀의 섬으로, 드높은 산꼭대기로, 혹은 강렬한 꿈속으로 들어가는 것이다. 이곳에는 항상 기이할 정도로 유동적이고 다양한 형태를 지니는 존재, 상상할 수 없는 고통과 초인적 행위, 불가능한 기쁨이 있다.

우리는 소명에 답하는 과정에서 인식과 목적성이 고조된 상태로 나아간다. 영웅은 무엇인가 궁극적으로 중요한 것을 모색한다. 진정한 위기(다양한 형태를 지닌 존재와 상상할 수 없는 고통)에 맞서 '초인적 행위'를 추구한다는 뜻이다. 이야기 속에서 영웅은 마법이나 꿈같은 공간을 탐험하는데, 이때 그에게 주어진 소명

은 그가 자신의 역할과 목적, 상황, 그리고 이해관계를 바라보는 방식의 변화를 대변한다.

일을 사랑하는 것은 이런 소명과 일맥상통한다. 사랑은 리더십과 일, 관계, 그리고 삶의 모든 영역에서 우리로 하여금 변화무쌍한 동기를 갖고 접근하게 한다. 이런 사랑은 내면의 깊은 곳에서 떠오르며, 위험을 무릅쓰고 가장 중요한 것에 도달할 영감을 준다.

영감을 준다는 의미의 영어 단어 'inspire'는 라틴어로 '숨을 불어넣는다'라는 뜻인 'inspirare'에서 유래했다. 사랑은 우리 안으로 들어오는 숨이자 우리가 불어넣는 숨이다. 영감에서 열망이 생긴다. '열망desire'이라는 단어는 '호흡breath'에서 비롯했다. 일을 사랑하는 것은 열망이 깃든 행위다. 우리가 간절히 바라는 대상인 열망은 평생 추구해야 할 삶의 궁극적인 목적이다. 어떤 일은 성공하고 다른 어떤 일은 실패하더라도 열망은 깊이 있는 의도와 오랫동안 변치 않는 약속, 맹세를 만들고 끊임없이 우리에게 삶의 동기를 부여한다. 불교 수행에서는 '소명'이나 이런 영감, 열망을 표현하는 두 가지 기본 서약이 존재한다.

존재는 셀 수 없이 많다. 나는 존재를 구원하기로 맹세한다.
헛된 생각에는 끝이 없다. 나는 이를 끝내기로 맹세한다.

이 두 가지 선언이자 맹세는 본질적으로 모순되고 실현 불가능하다. 하지만 사랑의 소명은 이 점에 개의치 않는다. 사실 사랑은 어렵고 심지어 불가능해 보이는 일에 끌린다. 도전적인 길, 불가능할 것 같은 길을 환영한다. 어쨌든 우리는 여러모로 불가능한 존재이지 않은가.

나는 명상이나 마음챙김을 말 그대로 '호흡을 맞춘다'라는 의미를 지닌 담론으로 묘사하곤 한다. 명상은 고독한 행위일 것 같지만, 사실 그렇지 않다. 마찬가지로 마음챙김 리더십에 대한 소명에 응답하는 것도 고독한 행위가 아니다. 즉, 열망과 영감은 이런 담론에 좌우되며 우리는 모두 함께 호흡한다. 누구나 타인의 삶을 응원하는 동시에 자기다운 삶을 살기를, 자신의 존재가 다른 이와 세계를 치유하는 데 힘이 되기를 열망한다. 내가 보기에 이런 담론은 피터 드러커가 지극히 중요하다고 주장하는 문화를 모두 담고 있다.

。

가치 탐색: 당신은 무엇을 사랑하는가?

다음의 질문을 스스로에게 던져보자.

· 무엇이 당신에게 영감을 주는가?

· 무엇이 진정 당신을 살아 있게 하는가?

· 당신은 무엇을 열망하는가?

· 당신에게 가장 중요한 것은 무엇인가?

· 당신이 가장 사랑하는 것은 무엇인가?

1987년에 처음 출간된 리더십 지침서의 고전이자 베스트셀러 《리더십 챌린지》에서 저자인 제임스 쿠제스James Kouzes와 배리 포스너Barry Posner는 미 육군 소장 존 H. 스탠퍼드John H. Stanford를 인터뷰했다.[1] 스탠퍼드는 많은 훈련을 받았고 시애틀 공공 학교 시스템의 감독이 된 인물이다. 저자들은 스탠퍼드에게 기업이든 비영리조직이든 정부든 조직에서 리더를 발전시키는 방법에 대해 조언해달라고 요청했다. 그는 이렇게 대답했다.

성공의 비결은 계속 사랑하는 겁니다. 사랑을 하면 타인의 불꽃을 일으키고, 그의 내면을 보고, 일을 해내려는 열망이 강해집니다. (…) 나는 삶에서 사랑보다 더 생생하고 긍정적인 불꽃은 알지 못합니다.

쿠제스와 포스너는 다음과 같은 말로 자신들의 저서의 핵

심을 강조하면서 책을 마무리한다. '리더십은 머리의 문제가 아니다. 마음의 문제다.'

　나는 이 말에 더없이 공감한다. 마음챙김 리더십의 첫 번째 수련이 '일을 사랑하라'인 이유가 여기 있다.

마음챙김 실천하기

내면 검색 교육의 일환으로 개발한 이 연습법은 참가자들이 추구하는 가치, 가장 중시하는 것, 사랑하는 대상이 무엇인지 탐색하는 방법이다. 노트나 종이에 당신이 가장 존경하는 인물 세 명의 이름을 적는다. 살아 있든 죽었든, 개인적으로 관계가 있든 역사적인 인물이든 상관없다. 영화에 등장하는 허구의 캐릭터나 만화에 나오는 영웅도 좋다. 누가 떠오르는가? 다 적었다면, 이제 마음껏 놀랄 준비를 하자.

그다음에는 왜 이 세 사람을 골랐는지 한두 문장으로 정리한다. 그들은 무슨 일을 했고, 그 일은 당신에게 무슨 의미가 있는가? 그들을 선택한 이유를 예를 들어 설명하자(이 책을 더 읽기 전에 지금 바로 해보기를 바란다).

우리가 선택한 사람, 즉 가장 존경하는 인물은 우리에게 무엇이 제일 중요한지 대변한다. 동의하는가? 이 세 인물을 묘사하면서, 당신이 고려했던 다섯 가지 가치를 적어본다. 스스로 무엇을 가치 있게 여기는지 생각하다 보면, 세 인물을 통해 포착되지 않았던 아이디어가 떠오를 수도 있다. 그것도 추가한다.

당신이 중시하는 가치를 다 적었다면, 아래의 화두를 바탕으로 마음속에 떠오르는 내용을 마음껏 적어본다.

· 나에게 가장 중요한 것은…

· 내가 추구하는 가치는…

· 지금 내 일과 삶에서 가치가 드러나는 양상은…

· 내 일과 삶, 가치가 정렬되지 않는 모습은…

· 내 가치와 활동 사이에 존재하는 격차를 좁히려면…

o

사랑이란 무엇인가?

사랑은 확실히 리더십의 '소명'이지만, 사랑을 여러 갈래로 정의하여 이 수련이 우리에게 진정 무엇을 요구하는지 생각해보면 도움이 될 것이다.

사랑의 유형과 정의는 다양하지만, 나는 사랑을 이루는 네 가지 특성 또는 수련에 초점을 맞추려 한다. 불교에서 이러한 가르침은 네 가지 '무량'으로 알려져 있다. 이를 수련할수록 개별 요소와 그 합은 측정 가능한 수준을 넘어 계속해서 성장한다. 이 네 가지 특성은 다음과 같다.

- 자애
- 자비
- 기쁨
- 평정

— **자애**: 자애는 타인을 배려하는 수련이다. 몇 년 전 브러시 댄스의 최고경영자였을 때 나는 비즈니스와 선을 통합하는 주제로 잡지 인터뷰를 한 적이 있다. 그때 기자가 나에게 이런 질문을 던졌다. "일터에서는 어떤 형태로 선을 수련하나요?" 나는 자애가 수련의 핵심이라고 대답했다. 함께 일하는 사람, 고객, 공급자를 배려하고 자애를 베푸는 것은 물론이고, 나 자신에게도 애정을 쏟아야 한다. 그러자 기자는 만족스럽지 않은 눈치로 다시 질문을 던졌다. "아니, 진지하게 궁금해서 여쭤보는 겁니

다. 일터에서 선을 수련한다는 건 어떤 의미인가요?" 나는 대답을 반복했다. 자애를 실천하는 것은 생각보다 어렵다. 특히 일이 잘못되고 갈등이 생길 때, 현금 흐름이 빠듯할 때는 특히 더 그렇다. 자애는 일터에서 커다란 역할을 한다.

— **자비**: 자비는 세 가지 마음으로 구성된다. 타인의 고통을 느끼는 마음, 이해하는 마음, 돕고자 하는 마음이다. 자비와 자비로운 리더십은 마음챙김 리더십의 핵심이다. 자비는 일곱 가지 마음챙김 수련을 관통하는 핵심 가닥이다.

— **기쁨**: 여기서 기쁨은 상황에 좌우되지 않는 깊은 행복감을 말한다. 일을 잘하거나 보너스를 받았을 때 느끼는 '작은 마음'의 기쁨이 아니라 좋든 나쁘든 모든 것에 감사하고 기뻐하는 '큰 마음'의 기쁨을 뜻한다. 교감을 통한 기쁨이나 타인의 행복을 인식하고 축하하면서 느끼는 기쁨을 의미할 때도 있다.

— **평정**: 자기 염려를 내려놓고 수용하고 평온해지는 법을 수련하는 것이다. 느낌을 억압하거나 누르는 것이 아니라 스트레스와 혼란, 변화, 역경, 긴박함 속에서 여유를 찾는 수련이다.

붓다는 초기 가르침에서 사랑을 수련하여 얻을 수 있는 여러 가지 효과를 다음과 같이 정의했다.

· 푹 잘 수 있고,

· 일어날 때 마음이 가벼우며,

· 다른 사람들이 호감을 보이고,

· 쉽게 집중할 수 있고,

· 얼굴이 더 밝고 맑아진다.

· 죽을 무렵, 정신이 더 맑아진다.

이 얼마나 멋진 효과인가! 나는 여기에 이렇게 덧붙이고 싶다. 이런 방식으로 '일을 사랑하라'는 가르침을 꾸준히 수련하면 자신과 주변 사람들이 행복해질 가능성이 커진다. 더 효과적으로 일하고 더 크게 성공할 것이다. 또한 당신이 속한 조직의 문화에도 영향을 줘서 주변 사람들 역시 한층 적극적이고 창의적이며 밝아질 것이다.

'일'은 무엇인가?

'일을 사랑하라'는 말은 우리가 하는 모든 일에 사랑이라는 의도와 관점을 부여한다는 뜻이지만, 이 수련은 특정한 작업을 일컫기도 한다. 바로 마음챙김을 갈고닦는 것이다. 이는 사물의 실제 상태, 우리가 구축했던 제한적인 세계관을 한층 명확히 응시한다는 뜻이다. 덜 이기적이기 위해, 역설적이지만 더 철저히 자신을 인식한다는 뜻이기도 하다.

일을 사랑하려면 마음을 열고 스스로 제한적인 사고방식과 정신 모형mental model[1]을 어떻게 창조하는지 인식해야 한다. 앞서 언급한 용어를 사용하면 '작은 마음'이나 내정 상태 회로 default mode network[2]를 '큰 마음'의 관점으로 접근하여 모두 수용하거나 초월해야 한다. 자기 참조[3]적인 두려움과 걱정을 줄이거나 내려놓으면 경이로움과 교감이야말로 존재의 진정한 내정 상태라는 사실을 깨달을 수 있다. 일을 사랑하면 세상에 많은 현

---

1) 자신과 타인, 사건, 상황 등을 마음속으로 구조화한 표상.
2) 2001년 워싱턴대학교 의과대학 마커스 레이클Marcus Raichle 교수팀이 발견한 것으로 뇌가 쉴 때 활발히 작동하는 영역이다.
3) 자기와 연관된 정보를 더욱 잘 기억하는 현상.

실이 있으며, 저마다 존재하는 방식도 다양하며, 자신이 생각하는 현실에 지나치게 집착하면 안 된다는 사실을 알게 된다.

마음챙김에서 말하는 일은 자기 밖으로 나가서 자신을 바라보고, 자신이 무엇을 인식하지 못하는지 깨닫는 것이다. 우리는 말하지 않은 두려움과 사각지대, 편견, 가정을 발견하고자 한다. 얽매여 있고, 제한되고, 집착하고, 시대에 뒤떨어진 신념에 장악되고, 전형적인 패턴이나 이야기에 갇힌 지점을 끊어낸다는 뜻이다. 우리는 우리가 하는 일을 사랑하여 내면에 신념을 쌓고, 믿을 만한 사람이 되고, 내면의 힘을 기르고, 관계와 결과를 개선하고자 한다.

이 일에는 용기가 필요하다. 누군가의 삶을 구하거나 공격을 막아내는 물리적 용기가 아니라 더 현실적이고 개방적이며 취약해질 용기가 있어야 한다. 솔직하게 눈물을 흘리고 자신의 고통을 털어놓았던 구글의 엔지니어처럼, 내가 밖으로 온전히 드러나는 듯한 불편한 느낌을 마주할 용기 말이다. 그녀가 그렇게 느끼면서 말하고 행동할 수 있었던 것은 용기 덕분이었다. 그리고 그 용기에는 충분한 대가가 뒤따랐다.

°

명상: 응시하고, 파고들고, 엿듣는 법 배우기

명상은 마음챙김의 핵심 수련 방법이다. 명상 수련법은 현실에 대해 질문하고 변화와 어려움, 미지의 대상을 편안하게 느끼게 하도록 설계됐다. 최근의 과학 연구들에서는 명상의 이런 효과를 입증하고 수량화했다. 예를 들어 2011년 브리타 홀젤Britta Holzel과 사라 라자르Sara Lazar를 비롯한 연구원들은 '마음챙김 명상이 어떻게 효과를 발휘하는가?'라는 주제의 연구에서 마음챙김 명상의 구체적인 효과를 밝혔다.[2] 연구팀은 요약문에서 이렇게 설명했다.

수련자들은 의식의 내용을 가까이 관찰하면서 이것이 끊임없이 변화하며 일시적이라는 사실을 이해한다. 마음을 챙기고 비판하지 않으며 관찰하다 보면 점차 의식의 내용과 자신을 동일시하지 않고 분리할 수 있게 된다. 이 과정은 '재인식'이나 '탈중심화'라는 용어로 불린다. (…) 그리고 '관측자 관점'의 발전이라고 묘사됐다.

무슨 말인지 좀 더 친근한 언어로 자세히 살펴보자.

— **'의식의 내용을 가까이 관찰한다'**: 마음챙김 수련을 하고 현실을 파고들 때 우리의 생각과 느낌을 관찰하는 것이 중요하다. 경험을 깊이 의식하는 것이다. 가끔 우리는 무엇이 느낌을 일으키는지 제대로 알지 못한 채 느끼곤 한다. 또한 특정 욕구와 혐오를 바탕으로 '주관적인 나'와 '객관적인 나'에 대한 정체성을 구축한다. 마음챙김을 통해 우리는 자기의식에 익숙해지고 자신의 습관과 패턴을 알아차릴 수 있다.

— **'변화를 이해한다'**: 명상하면서 생각과 감정의 일시성에 익숙해지고 변화를 더 깊이 이해하면, 이런 측면은 매 순간을 의식하는 마음챙김의 고정적인 특성으로 자리 잡는다.

— **'동일시하지 않고 분리한다'**: 마음챙김은 우리의 이야기와 서사가 객관이나 현실이 아닌 주관을 반영한다는 사실을 볼 수 있게 한다. 구글의 엔지니어가 말했듯 우리는 각자 맡은 역할보다, 사회생활을 하며 발전시킨 페르소나보다 더 대단한 존재다. 명상은 한발 물러나서 외부인처럼 자신의 생각과 감정을 관찰하도록 도와준다. 우리는 보다 다양한 관점으로 자신을 바라보는 능력을 키울 수 있다.

일을 사랑하라

— **'재인식'**: 이는 앞에서 언급한 분리와 연관되는 개념이다. 자신의 생각과 느낌, 인식을 알아차리고 더욱 익숙해지도록 수련하다 보면 이들을 자신과 덜 동일시하고, 다른 관점이나 더 유용하고 정확한 방식으로 바라볼 수 있다.

마음챙김 명상 수련

자, 그러면 실제로 수련해보자.

시작은 몸에 집중하는 것부터다. 의자든 방석이든, 정신을 각성하면서도 편안하게 앉을 방법을 찾는다.

한층 편안해지려면 먼저 눈과 얼굴 근육을 부드럽게 이완한다. 초점 없이 눈을 떠도 좋고, 눈을 감는 것이 더 편하면 감아도 좋다. 의식되거나 긴장되는 곳을 인식하고 가능하면 놓아준다. 무엇을 하고 있었든지 간에 행동을 멈춘 다음, 그것을 놓아줌으로써 찾아오는 변화를 느껴본다. 하던 일, 해야 할 일, 마무리하지 못한 모든 일을 잊어버린다. 나중에 보면 모두 그대로 있을 것이다.

한층 각성하려면 평소보다 약간 더 똑바로 앉아서 척추에 집중하고 허리를 살짝 젖힌다. 손과 발을 어디에 둘지 정하자. 호흡이 제한되지 않도록 어깨와 가슴을 편다. 자기도 모르게 호흡을 제한하는 경우가 많다.

지금 자신의 몸에서 일어나는 일에 집중한다. 발이 바닥에 닿고 손이 허벅지나 무릎에 닿는 것을 인식한다. 의자나 방석에 앉는 느낌을 의식한다. 턱 근육을 푼다. 몸을 점검하자.

이제 호흡에 집중한다. 아무것도 할 필요 없이, 그저 호흡한다는 것만 인식하자. 각각의 들숨과 날숨, 그 사이의 공간을 느낀다. 마치 처음 호흡하듯이, 어린아이와 같은 호기심의 감각을 호흡에 불어넣을 수 있는가? 지금 하는 이 호흡은 사실 새로운 일이다. 예전에 해본 적 없고 다시는 할 수 없다. 그러니 집중하자. 여기에 호기심과 자신을 향한 따뜻한 마음을 약간 더한다. 마음챙김 명상과 일을 사랑하는 수련의 핵심은 자신을 향해 열린 마음과 자애를 키우는 것이다.

당신의 의식에서는 어떤 일이 벌어지고 있는가? 정신이 분주한가, 평온한가? 회의적인가, 열려 있는가? 그저 인식한 다음, 최대한 부드럽게 다시 몸과 호흡으로 집중을 전환한다.

지금 무엇을 느끼는가? 기분은 어떤가? 다시 말하지만 그저 느껴야 한다. 자기 느낌을 점검해보자. 좀 더 깊이 들어가서 질문해도 좋다. 지금 내 마음속에 무엇이 있는가? 가장 깊고, 근본적인 느낌은 무엇인가? 나는 무엇을 사랑하는가?

제일 사랑하는 사람을 마음속에 떠올린다. 그 사람은 파트너나 자녀, 부모, 가까운 친구일 수도 있다. 그들에게 깊은 관심과 감사, 그리고 유대를 느껴본다. 이야기와 드라마는 내려놓는다. 그저 사랑받고 인정받고 있음을 느낀다. 이제 관심과 사랑의 범위를 넓힐 수 있겠는가? 그렇다면 이렇게 생각해보자. 모든 인간과 존재가 행복하기를. 모두 자유롭고 평화롭기를.

그다음 단순함을 유지한다. 모든 생각을 내려놓고 다시 부드럽게 몸과 호흡에 집중한다.

그저 인식한다. 바로 지금, 이곳에 앉아 있는 것은 어떤 기분인가? 아무것도 바꾸려 하지 말고, 옳고 그름에 대한 생각을 내려놓고 그저 자신의 경험에 관심을 집중할 수 있는가? 바로 지금 여기 존재하는 것은 어떤 느낌인가? 살아 있다는 것은 어떤 기분인가? 무엇이 떠오르든 궁금하고 감사한 마음으로 이 모든 질문을 할 수 있는가?

가끔 자신의 호흡과 몸, 느낌에 집중할 수 있다는 것을 인식하자. 의식은 소리나 빛, 어떤 감각에도 열린다. 그곳에 무엇이 있든 몸과 마음을 열어본다.

몇 분 더 조용히 앉아서 적당히 노력하여 의식을 깨운다.

그다음 준비가 되면 언제든 자신의 공간과 옆에 있는 사물로 의식을 가져온다. 이 집중과 열림, 호기심, 따뜻한 마음이 주는 감각을 일상과 삶에 가져올 수 있는지 생각해본다.

소명을 거부하다: 우리 안의 세 유인원

조지프 캠벨의 '영웅의 여정'에서 '소명'의 두 번째 단계가 '소명의 거부'라는 것은 흥미로우면서도 놀라운 일이다. 이 이야기에서 영웅은 명확한 소명을 부여받지만 그는 이내 의심과 망설임, 완전한 두려움에 휩싸인다. 나는 이런 현상이 내 삶에도 적용된다는 사실을 발견했다. 영감과 열망이 차오르는 순간을 계속 유지하기는 쉽지 않다. 우리는 진정으로 '일을 사랑'하고 마음챙김 리더십을 수련하고 싶지만, 사랑은 어렵고 위험한 일이다. 기꺼이 취약해지고 마음을 열겠다는 뜻이기 때문이다. 명확히 바라보려면 고통과 실패, 한계를 인정해야 한다.

진화생물학에서는 인류가 수백만 년에 걸쳐 오직 한 가지 목표를 위해 진화했다고 말한다. 살아남아서 우리 유전자를 다음 세대에 전달하는 것이다. 우리는 두려움을 느끼고, 불만족하고, 유대가 필요하도록 진화했다. 이렇게 우리 유전자에 새겨지고 진화해온 특성은 사랑에 장벽으로 작용하고, 마음챙김 리더십을 키우는 데에 내면적 장애물이 될 수 있다. 요약하자면 인간에게는 어떤 상황을 맞닥뜨리든 처음에는 자기 보호 본능이 작용하며, 위험을 느끼면 물러나려는 성향이 존재한다.

　　　　　　　　　　　　　일을 사랑하라

구글에 근무하는 과학자인 내 친구 마리오는 이렇게 말했다. "우리는 불안한 유인원의 후손이야." 느긋하고 여유로운 유인원은 자연에서 살아남지 못했다. 그들은 포식자에게 살해당하거나 잡아먹혔다. 불안한 유인원의 후손으로서 우리는 우리를 둘러싼 환경 안팎에 존재하는 위협을 살피는 경향이 있다. 생존 문제에 있어서는 99퍼센트 틀리더라도 1퍼센트 맞는 것이 낫다. 이는 물리적 안전만이 중요할 때, 필수적인 전제다. 그럴 때는 모든 잠재적 위험을 생사의 갈림길로 여기는 편이 현명하다.

하지만 이런 사고방식은 오늘날의 현실과 맞지 않으며 오히려 문제가 되기 쉽다. 세상에는 여전히 위험거리가 넘치긴 하지만, 과거와 비교하면 오늘날 우리 삶에 생존을 위협하는 위험은 비교적 드문 편이다. 하지만 우리 신경계는 사실상 오래전과 똑같은 방식으로 반응한다. 분노에 찬 이메일을 받든 배고픈 호랑이와 맞닥뜨리든, 뇌에서는 같은 경종이 울리고 교감신경계가 작동하기 시작한다.

우리 내부에서 이처럼 위험을 살피는 과정은 강력한 내면적 비판과 부정적 편견의 기반으로 이어진다. 연구에 따르면 우리는 엄격하게 자신을 판단하고 긍정적 감정보다 부정적 감정을 한층 강렬하게 느끼는 경향이 있다. 이처럼 불안한 유인원은 자신을 취약하게 만들거나 어려운 질문을 던지고 싶어 하지 않는다. 그런 현실은 위협적으로 와닿기 마련이다. 물론 일을 사랑하고 명확히 응시하는 것이 더 나은 접근—지속 가능한 안전과 만족, 성공으로 가는 진정한 길—이라고 진심으로 믿을 수는 있다. 하지만 불안한 유인원이 그 길을 가려면 안정과 확신이 필요하다.

또한 우리는 상상력이 풍부한 유인원의 후손이다. 우리 조상은 진화의 어느 시점에 이르렀을 때, 과거를 회상하고 미래를 상상하는 능력과 의식을 개발했다. 우리는 마음속으로 원하는 시나리오나 현실을 무엇이든 떠올릴 수 있다. 이는 정말 놀라운 능력이다. 인간은 의식을 당연하게 받아들이고 상상력이 일으키는 마법을 제대로 인식하지 못한다. 그러나 의식은 그 자체로 진정 놀라운 존재다. 의식의 기원과 의식이 해낼 수 있는 모든 일은 지금도 불가사의로 남아 있다. 그뿐만 아니라 상상력은 정체성과 자아를 창조한다. 이러한 자아는 여러 가지 생각과 느낌, 감정, 가정과 믿음—일부는 실제 사건에 바탕을 두지만 대부분 상상한 사건에서 비롯한다—과 영향을 주고받으면서 '주관적인 나'와 '객관적인 나', 개인의 삶을 형성한다. 그 결과, 집단적 상상력에서 나온 놀라운 이야기를 품은 가족과 친구, 조직, 문화, 그리고 전체 사회와 세계를 창조한다. 법이나 경제, 결혼, 돈, 제도를 비롯한 수많은 요소가 여기에 포함된다.

　　　　　　　　　　　　　일을 사랑하라

이상한 일이지만 이렇게 무한한 힘을 일으킬 수 있으면서도 상상력이 풍부한 유인원은 여기에서 만족하지 않는다. 인류의 진화와 본성에는 더 많은 것을 이루고 더 나아지려는 측면이 거의 항상 존재하는 듯하다. 더 맛있고 많은 음식, 섹스, 돈, 지위 등 무엇이든 해당한다. 상상력이 풍부한 유인원은 비교하고 대조하며 판단하고 앞서 생각하는 경향이 있어서 우리는 거의 영원히 어느 정도는 타인보다, 혹은 스스로 원하는 수준보다 결핍된 것에 집중한다. 원하던 것을 얻어도 잃어버릴지 모른다고 곧잘 상상하여 만족감을 떨어뜨린다. 잠재적 위험을 판단하고 계획하는 능력은 생존에 유리하지만, 현실을 명확히 보지 못하게 만드는 장벽이 된다. 멋진 섹스를 하거나 맛있는 음식을 먹고 나서도 충분히 만족하지 못하고 충만함을 느끼지 못한다. 아니, 좋은 느낌과 만족감은 사라지고 더 많은 것을 탐색하기 시작한다.

이처럼 상상력이 풍부한 유인원은 마음챙김 리더십으로 가는 길에 잠재적 장애물로 작용한다. 하지만 긍정적 측면도 존재한다. 우리는 과거를 깊이 생각하고, 무엇이 부족한지 떠올리며, 부정적 미래를 예상하고, 타인의 생각과 의도를 (보통 부정확하게) 가정하기보다는 상상력을 훈련함으로써 더 만족하고, 자신을 완성하고, 현재 순간에 충실히 머무를 수 있다.

마지막으로 우리는 공감할 줄 알고 사회적인 유인원의 후

손이다. 따라서 유대가 필요하며 타인의 느낌과 고통, 즐거움, 그 사이에 존재하는 셀 수 없이 많은 미묘한 감정을 느낄 수 있도록 타고났다. 이런 능력은 오랫동안 경험적으로만 이해되어 오다가 1982년, 아이러니하게도 원숭이 연구에서 과학적으로 확인됐다. 이탈리아 파르마대학교의 연구원들은 어떤 특정한 행동을 하는 사람을 관찰하기만 해도 뉴런에 의해 그 행동을 자신이 실제로 할 때 활성화되는 영역과 같은 부위의 뇌 영역이 활성화된다는 사실을 발견했다.

앞서 설명한 두 특성처럼 이 특성도 진화했다. 개인이 생존하고 다음 세대를 키우는 일은 구성원들이 협력할 때 당연히 더 쉬워진다. 인간은 타인과 가까워지려는 강력하고 원시적인 욕구를 지니고 있다. 정체성, 의미와 목적에 대한 감각, 자신을 보는 법, 생각과 감정, 행동을 처리하는 방식은 가족과 친구, 동료, 자기가 속한 공동체를 구성하는 모든 이와의 관계 내에서 형성되고 서로 얽히게 된다.

이런 성향 때문에 우리는 믿고 이해하고 소통할 수 있는 사람을 선택하고 그들과 의견을 맞추는 것을 중시한다. 하지만 안전에 대한 욕구와 유대에 대한 욕구는 사람마다 상충하기 마련이다. 공감하는 유인원은 작은 집단이나 가족, 종족과 유대감을 형성하고 싶어 하면서 이 집단 내에서 유대가 끊어질까 봐 두려

일을 사랑하라

위한다. 반대로 가족이나 종족, 집단 정체성 바깥에 존재하는 사람을 위협으로 인식하는 경향이 있다.

긍정적인 시각으로 보면 이 '세 유인원'은 인간의 세 가지 핵심 욕구인 안전, 만족, 유대를 나타낸다. 또한 세 가지 본질인 몸, 정신, 마음과 일맥상통한다. 하지만 세 유인원은 처음에 부정적으로 반응하거나 부정적으로 자신을 표현하는 경향이 있다. 불안한 유인원은 자신이 안전할 수 있을지 여부를 두고 쉽게 두려움을 느낀다. 상상력이 풍부한 유인원은 자신과 타인에게 쉽게 불만을 느낀다. 공감하는 유인원은 단절을 두려워하면서도 이를 부추긴다.

달리 말하면 세 유인원은 인류의 커다란 잠재력을 대변한다. (1) 용맹한 업적을 자극하는 강력한 자기 보호 의식 (2) 놀라울 정도로 발전한 고도의 상상력 (3) 유대에 대한 열렬한 욕구와 소통하는 능력, 감정을 이해하는 능력 말이다. 하지만 이런 잠재력에는 상반된 효과가 존재한다. 마음챙김 리더십이라는 소명을 느꼈을 때 그것의 추구를 가능하게 해줬던 속성이 안전과 자기 보호라는 이름으로 소명을 거부하는 반응을 보일 수 있다.

우리는 혼란과 오해가 넘치는 세상을 살아갈 가능성이 있다. 두려움과 불신에 기반을 둔 세상을 창조하고, 상상력을 발휘하여 두려움을 키우며, 닮은 점을 무시하고 차이점을 강조한다. 이 길은 개인적인 스트레스와 불행, 더 큰 불평등과 단절, 더 심한 오해와 폭력으로 이어지기 쉽다. 실망스럽지만 우리가 창조하고 현재 살아가는 세상은 이렇게 보일 때가 많다.

그러나 우리는 마음챙김 리더로서 사랑과 이해를 키워갈 수도 있다. 취약성과 위험에 민감하게 반응하는 본능을 인식하고 상상력을 발휘하여 두려움을 가라앉히고 다시 교육하며 변화시킬 수도 있다. 자신에 대한 신뢰를 높이며, 자신과 타인 사이의 닮은 점을 깊이 들여다보고 상호 연관된 현실을 인식할 수 있다. 그러다 보면 우리 모두가 인류라는 가족의 일원이며 하나의 행성에서 살아가고 삶을 공유한다는 현실이 눈에 들어온다. 그리고 또 다른 현실을 창조하고 싶어진다. 신뢰하고 이해하는 현실, 공감과 자비라는 타고난 능력을 발휘하는 현실을 갈망하고 싶어진다. 두려움을 희망과 가능성으로 바꾸고 더 많은 의미와 만족감, 더 끈끈한 유대, 건강과 협력이 존재하는 삶을 창조해나가고자 하는 것이다.

마음챙김 실천하기

당신 안에 세 유인원이 있다고 가정하자. 잠시 이들에게 인사를 건네고 이들에 대해 좀 더 알아본다. 예를 들어 불안한 유인원이라면 당신이 언제 안전하다고 느끼고 언제 위험을 살피는지 인식한다. 최근 며칠 혹은 몇 주간 있었던 특정 순간을 최대한 곰곰이 생각하며 다시 떠올려보자. 어떤 면에서 안전하다고 느꼈는가? 위험을 탐색하거나 두려울 때는 어떤 느낌인가?

상상력이 풍부한 유인원이라면, 만족감과 음식, 섹스, 오락에 대한 당신의 욕구에 관심을 돌려본다. 그저 인식하자. 어떤 생각이 만족이나 불만족으로 이어지는가? 함께 일하는 사람이나 개인적인 삶과 관련 있는 사람들과 당신이 어떻게 상호작용하는지 다시 반추해본다.

이제 공감하는 유인원을 살펴보자. 타인의 감정을 느끼려고 할 때 어떤 기분인가? 당신 안의 공감 능력을 인식한다. 유대를 쌓으려는 욕구에도 집중한다. 무엇이 유대감을 뒷받침하고, 무엇이 방해하는가? 최대한 구체적으로 호기심을 가지고 자신에게 정직해져야 한다. 알아낸 사실을 노트 등에 적어도 좋다.

창의적 격차와 실측 현실을 정의하라

'일을 사랑하라'는 가르침은 마음챙김 리더십의 소명에 응답하고, 더욱 명확히 보기 위해 마음챙김 수련을 발전시켜나가는 행위를 뜻한다. 얼핏 간단하게 들리는 말이다. 우리는 마음챙김을 통해 변화와 현재 상태, 열망을 인식하고자 하지만 우리 안의 세 유인원은 이들 중 일부 혹은 전부를 위협으로 느낄 수 있다. 우리는 내면적 거부와 맞닥뜨릴 것을 예상하고 극복해야 한다. 이는 더욱 명확히 보기 위해 거쳐야 할 과정이다.

예를 들어 현실은 거슬리는 속성을 지니고 있다. 끊임없이 움직이고 변화하면서 우리의 희망과 꿈, 환상을 극도로 약화시키기 때문이다. 생각과 계획이 현실에 부딪히면 현실이 승리하기 마련이다. 늙어가는 몸과 마음, 변덕스러운 감정, 격변하는 경영 환경, 우선순위의 변화, 가족, 친구, 동료 등 타인의 기분 변화 등 무엇이든 마찬가지다.

이런 일이 발생했을 때 현실이 자신의 기대에 부응하지 않는다는 사실을 인정하기 싫겠지만, 인정하지 않으면 문제가 생긴다. 우리는 현재 상태, 혹은 군대에서 말하는 '실측 현실ground truth'을 직시해야 한다. 실측 현실은 실제로 벌어지는 일로서 지상에서 벌어지는 전투나 상황의 현실을 뜻한다. 무슨 일이 일어날지 예측하는 정보 보고나 임무 계획과는 반대되는 말이다. 실측 현실은 당신이 원하는 것, 일어나기를 바라고 계획하는 일, 타인에게 보여주고 싶은 모습이 아니라 자신이나 가까운 친구에게 말할 법한 실제로 경험한 진실을 말한다.

다음의 항목에서 당신의 '실측 현실'을 생각해보자.

· **수면, 운동, 식단, 마음 상태 등의 삶의 질**: 당신이 바라는 수준과 비교해서 실제로 어떤 경험을 하고 있는가?

· **일**: 어떻게 진행되고 있는가? 현실은 어떤가?

· **중요한 관계 경험**: 만족하는가, 아니면 실망하는가? 어떤 경험을 하고 있는가?

전쟁과 삶에서 실측 현실과 우리가 기대하거나 원하는 비전 사이에는 항상 격차가 존재한다. 자연히 우리는 이 격차를 최대한 줄이고 싶어 하지만, 그러기 위해서는 격차를 직시하고 인식해야 한다. 결국 일을 사랑하고자 할 때 중요한 수련은 현재 자신의 위치 및 자신이 바라는 위치와 둘 사이의 격차를 올바로 인식하는 것이다. 자신에게 호기심을 갖고 감사하며 따뜻한 마음을 품는 동시에 현재 상태와 원하는 바를 '응시'해야 한다. 즉, 직접 바라봐야 한다. 그리고 역설적이지만 이는 중요한 기술이자 수련으로, 현재 상태(실측 현실)와 원하는 상태의 격차를 인정하면서, 현재 상태를 바꾸려 하지 않고 그것에 감사하고자 해야 한다.

피터 센게Peter Senge는 획기적인 저서 《제5경영》에서 이 격차를 '창의적 긴장creative tension'이라고 불렀다. 그는 리더십에서 가장 중요한 기술은 이 격차를 덮어버리거나 없애려 하기보다 이 격차와 함께 머무르는 것이라고 했다.

마음챙김 실천하기

몇 가지 영역에서 자신의 실측 현실을 고려해서 가장 중요한 창의적 격차를 정의해보자. 당신에게 실제 상황과 원하는 비전 사이의 격차가 가장 큰 영역은 무엇인가? 격차를 좁히거나 없앨 방법은 무엇일까?

· 어떤 도움이 필요한가?
· 어떤 능숙한 대화가 도움이 될까?
· 지금 격차를 줄이는 데 방해물은 무엇인가?
· 바꾸기보다는 받아들여야 할 것은 무엇인가?
· 배울 점은 무엇인가?

일을 사랑하라

。

리더가 할 일은 마음챙김이다

마음챙김과 명상 수련이 리더십에 얼마나 도움이 되는지 인식하려면 리더들이 마음챙김의 결과물로 무엇을 하는지 비교하면 된다. 나는 이 작업을 할 때 명상의 효과와 리더십의 요구가 얼마나 밀접하고 깊이 연결되는지 확인하고 감명을 받곤 한다.

리더십에는 많은 정의가 있지만 이와 같은 맥락에서 리더는 근본적으로 세 가지 일을 한다고 본다.

— **1. 생각:** 정보를 이용하여 계획하고 예상하고, 문제를 해결하고 집중하며 다양한 관점으로 문제를 바라본다.

— **2. 경청:** 타인에게 관심을 가지고 협력하여 공동의 비전을 수행한다. 마음을 열고 기꺼이 자신의 취약함을 드러내며 호기심을 품는다는 뜻이다.

— **3. 충실:** 리더는 현재에 충실하고 명확하며 감정적으로 개방적이다. 또한 믿을 수 있는 사람이다. 의사소통이나 유연성,

책임에 긍정적인 기준을 형성하여 조직문화에 영향을 미친다.

이 세 가지 리더십의 기술은 앞에서 언급한 '우리 안의 세 유인원'과 매끄럽게 연결된다. 생각의 기술은 불안한 유인원이 감정적으로 반응하는 성향을 해결한다. 경청의 기술은 상상력이 풍부한 유인원이 품는 그릇되고 이기적인 내러티브를 해소한다. 충실의 기술은 집단 내에서 소속감과 친밀감을 형성하면서 단체로 행동하도록 동기를 부여한다. 공감하는 유인원에게는 어려울 수 있는 일이다.

마음챙김 수련 역시 각 활동을 예리하게 겨냥한다. 명상과 그것이 명확한 사고와 (자신과 타인에게) 철저하게 경청하는 능력을 계발하며 자기 존재와 개방성, 대응력을 발전시킨다.

여러 연구에서 이런 효과를 점차 정량화하고 있다. 명상과 그것이 건전한 정신에 미치는 영향을 연구하는 세계적 과학자 리처드 데이비슨Richard Davidson은 저서 《변화한 특성Altered Traits》에서 공동 저자 대니얼 골먼과 함께 명상이 정신에 미치는 네 가지 영향을 설명했다.[3]

· 스트레스로부터 회복하고 거슬리는 일에 반응을 줄여준다.
· 공감 능력과 자비심이 증가한다.

일을 사랑하라

· 집중력과 초점을 유지하는 능력, 의식을 개방하고 다양한 관점에서 보는 능력을 키워준다.

· 자아에 대한 감각이 느슨해지고 자아와 동일시하지 않으며, 가뿐한 감각과 감사한 마음이 커진다.

달리 말해, 리더십과 마음챙김의 목표는 현실을 한층 더 명확하게 보고 철저히 현실적으로 살아가는 것이다. 리더는 변화하는 시장과 일터, 기술과 재능, 조직, 구성원들의 마음, 그들의 목표 등 상대적이고 끊임없이 바뀌는 일상 세계에 집중한다. 마음챙김과 리더십에서 명확히 본다는 것은 어려움과 갈등, 고통을 회피하는 게 아니라 이를 직시하고 더 나은 정렬과 이해로 나아간다는 뜻이다. 리더십은 문제를 해결하고 타인에게 영감과 용기를 주는 것을 중시한다. 이 모든 특성은 마음챙김 수련을 통해 직접 얻을 수 있다.

마음챙김과 리더십이라는 두 단어에는 '명확하게 본다'라는 뜻이 포함된다. 마음챙김 수련과 리더십의 목표는 불필요한 스트레스와 두려움으로 이어지는 잘못된 가정과 편견, 조건화를 꿰뚫어 보고 현재 우리 존재의 잠재력을 깨닫는 것이다.

하지만 명확하게 본다는 말에는 또 다른 의미가 있다. 현실의 고통과 덧없음을 인식하는 것은 물론, 과거의 상대적 환경이나 일상적 현실 세계를 직시한다는 것이다. 명확히 바라본다는 것은 자신과 절대적 관점에서 보는 세상, 즉 아무것도 부족하지 않고 모든 것이 철저히 연결된 세상을 경험한다는 뜻이다. 이렇게 바라봄으로써 우리는 명상과 마음챙김의 근본이자 더 효과적인 리더가 되는 방법인 '큰 마음'을 경험할 수 있다.

구도 정신

'일을 사랑하라' 수련은 단순한 개념을 넘어선다. 일을 사랑한다는 소명은 심오하거나, 훨씬 일상적이고 모호하거나, 놀라울 수도 있다. 또한 자신도 모르게 과거에 중요하다고 믿었던 것에서 멀어지고 새로운 우선순위를 깨닫기도 한다.

일을 사랑하는 것은 거시적인 의미에서 필생의 일에 대한 헌신이자 세상에 존재하는 방식을 수련하는 것을 뜻한다. 음악가가 카네기 홀에 갈 수 있든 없든 음악을 연주하듯이, 일을 사랑하는 것은 그 자체로 만족스러운 행위이며 거기에는 이유나 이익이 필요하지 않다.

무엇이 당신을 살아가게 하는가? 무엇이 당신의 의식을 기민하게 만들고, 타인을 돕고 세상을 더 나은 곳으로 만들고 싶게

일을 사랑하라

하는가? 무엇이 당신을 마음챙김과 이 책을 선택하게 하고 이 일을 하게 만들었는가?

선 수련에는 '구도 정신way seeking mind'이라는 표현이 있다. 이 책의 용어로 표현하면 일을 사랑하려는 수련자가 철저히 마음을 챙기고 진심으로 살아가고자 하는 여정에서 사건과 생각, 느낌을 인지하려는 행위를 뜻한다. 우리는 구도 정신을 통해 더욱 열린 마음으로 이해하고 싶어 한다. 더 넓은 인식의 길을 걷기를 원하고 한층 깊고 신성한 경험을 열망한다. 이 깊이와 신성함은 이미 존재한다. 마음챙김의 삶으로 가는 길은, 그런 삶에 대한 맹세와 결의만으로 충분하다. 워커 에반스가 말했듯 우리는 '응시하고, 파고들고, 엿들으며, 경청하고, 죽기 전에 무엇인가 깨달을 것을' 맹세한다.

나는 마음챙김 수련을 시작한 계기가 무엇이냐는 질문을 자주 받는다. 언제 일을 사랑하기 시작했나요? 20대 초반에 마음챙김 수련을 시작한 계기는 무엇인가요? 할 말은 많지만 모른다는 대답이 가장 정확할 것이다. 뉴저지주 중심부에 있는 작은 마을의 노동자 가정에서 자란 젊은이가 어쩌다 캘리포니아주 샌프란시스코 선원에서 10년이나 살게 된 것일까? 설명하기가 쉽지 않지만 몇 가지 핵심 사건과 중요했던 사건을 짚을 수는 있다.

에이브러햄 매슬로Abraham Maslow가 쓴 《존재의 심리학》을 읽은 것이 그런 사건에 해당한다. 당시 나는 럿거스대학교의 신입생이었고, 심리학 수업에서 매슬로를 읽을 무렵 첫 연애가 끝나서 좀 우울한 상태였다. 하지만 자아실현에 대한 매슬로의 묘사에 깊은 감명을 받았다. 나는 고통―미숙하고 애정에 굶주렸다는 느낌이 들었다―과 실현되지 않은 잠재력을 인식했다. 매슬로는 내가 내 안의 가능성을 보게 도와줬고, 나는 왜 다들 이 일을 하지 않는지 의아했다. 그 순간 나는 소명을 발견했고, 그 일을 사랑하기 시작했다.

당신을 지금 당신이 있는 곳으로 불러온 인생의 핵심 사건이나 중요한 순간은 무엇이었는가? 당신은 언제부터 그 일을 사랑하기 시작했는가?

마음챙김 실천하기

노트에 당신의 '구도 정신'에 관해 적어보자. 무엇을 계기로 리더이자 더 나은 사람이 되고 싶어졌는가? 왜 더 의식적으로, 깊이, 신성하게 살고 싶어졌는가? 그 계기는 고통스러운 순간일 수도, 영감을 받은 경험일 수도 있다. 그때 무슨 일이 있었고 어떤 기

일을 사랑하라

분이었는지, 자신과 삶에 관해 무엇을 배웠는지, 자신이 어디로 가고 있다고 생각하는지 적어보자. 고통과 가능성을 모두 탐색한다.

'일을 사랑하라'

핵심 수련법

- 자문한다: 무엇이 나를 살아 있게 하는가? 진정 무엇이 나를 살게 하는가?
- 스스로 중시하는 가치와 사랑하는 것을 탐색한다. 존경하는 사람들을 떠올리고 그들이 대변하는 가치를 정의해본다.
- 자애, 자비, 기쁨, 평정 등 네 가지 유형의 사랑을 수련한다.
- 마음챙김을 갈고닦고 더 명확하게 본다. 명상 수련을 한다.
- 두려움과 불만, 유대에 관한 욕구를 나타내는 자기 안의 '세 유인원'을 탐구한다.
- 자신의 실측 현실을 인식하고 창의적 격차를 정의한다. 그것들은 무엇인가?
- 자신의 '구도 정신'을 이야기해본다(일기에 적거나 친구에게 말한다). 무엇이 지금 당신이 하는 일을 사랑하게 만들었는가?

02

일을 하라

개입의 성공 여부는 개입하는 사람의 내면 상태에 달려 있다.

_빌 오브라이언*Bill O'Brien*

일을 사랑하는 것이 소명에 해당하고 그것에 영감과 열망이 따른다면, 두 번째 수련인 '일을 하라'는 사랑에서 비롯되는 행동이며 사랑하는 일을 실천한다는 뜻이다. 일을 사랑하는 것이 마음챙김 리더십을 위해 꼭 필요한 발사대라면, 일을 하는 것은 바로 그러한 마음챙김 리더가 되는 것을 의미한다. 꾸준히 마음챙김 수련을 하고 자신이 추구하는 가치와 열망을 드러내며, 타인과 능숙하게 교류하고, 인식을 높이며 타인을 돕는 것이다.

그렇다면 어떻게 자신이 상상하는 마음챙김 리더가 될 수 있을까? 앞에서 언급했던 카네기 홀 농담이 그 답이다. 그저 수련하는 수밖에 없다.

단순하게 보면 '일을 하라'의 의미는 그것이 전부다. 이 가르침은 꾸준히 수련하고, 마음챙김을 리더십과 일, 가족, 관계, 매일 하는 일과 통합하도록 상기시켜준다. 수련으로서 '일을 하라'는 모든 일을 배우고 성장하고 명확히 바라보는 작업, 즉 수련의 차원으로 접근한다는 뜻이다.

○

수련의 두 가지 유형: 헌신과 통합

일을 한다는 측면에서 나는 마음챙김을 '헌신하는 수련'과 '통합하는 수련'이라는 두 가지 유형으로 분류하고 싶다. 이는 다소 인위적인 구분으로 볼 수 있다. 큰 마음의 관점에서 우리가 하는 모든 일은 수련이다. 하지만 일상적 용어로 수련을 두 가지 갈래로 나눠 생각하는 것은 유용한 구분이 될 것이다. 두 수련은 모두 중요하며 서로를 뒷받침한다.

스포츠로 비유하면 헌신하는 수련은 문자 그대로의 수련으로 경기장 밖에서 배우고 이해와 통찰을 키우기 위해 시간을 '헌신하는' 일이다. 야구 선수라면 타격 연습장에서 시간을 보내는 것이다. 100여 개의 공을 치고, 스윙을 늦추고, 분석하고 조정하며 다른 타구 방식을 실험하기도 한다. 통합하는 수련은 경기 자체를 뜻한다. 경쟁의 열기 속에서 공을 치는 것은 중요한 순간에 기술을 발휘하는 것이다.

마음챙김에서 이 비유를 들여다보면 헌신하는 수련과 통합하는 수련은 같을 때가 많다. '경기'는 삶 그 자체이자 삶에서 맞이하는 중요한 모든 순간을 뜻한다. 우리는 경험과 살아 있음 그 자체를 위해 다른 이유 없이, 이를테면 개선이나 특정한 이익을 생각하지 않고 수련한다.

몇 년 전에 나는 구글의 의료진을 대상으로 일일 내면 검색 프로그램을 공동으로 진행했다. 나와 함께 교육을 진행했던 강사는 내게 내면 검색 교사 교육을 받았던 구글 직원이었다. 마음챙김과 감성지능을 주제로 소개한 후, 동료 강사는 참가자들에게 호흡에 집중하고 산만함을 인식한 다음 다시 호흡으로 돌아오는 것이 명상의 과정이라고 설명했다. 그리고 '명상은 헬스장에 가는 것과 같다'고 비유했다. 호흡에 집중할 때마다 매번 이 과정을 반복하면서 근육을 강화하듯 집중력을 개선하기 때문이다.

나는 함께 교육을 진행해준 동료 강사에게 감사의 인사를 전하며 이 비유에 일견 동의하면서도, "명상은 헬스장에 가는 것과는 전혀 같지 않다"라고 말했다. 내 이야기를 들은 동료 강사는 좀 놀란 눈치였다. 그는 웃으면서 나를 쳐다본 다음, 참가자들에게 기분 좋게 이야기했다. "이래서 강사가 둘 있는 거겠죠!" 다행히 우리는 관계가 좋고 서로 신뢰했으며, 작년에 내가 그를 지도한 만큼 그는 내 반박으로 마음을 상하지 않았다.

나는 헬스장과 명상을 비교하게 되면 명상 수련을 하는 사람이 결과를 얻으려고 명상하고 단계적 개선을 원한다고 암시하게 된다고 명확히 말했다. 분명 유용한 비유이고 격려가 될 수도 있지만, 명상 수련의 진정한 힘과 효과를 설명하는 데에는 방해가 된다.

명상에 접근할 때는 명상을 하는 모든 이유와 합리성을 내려놓고, 무엇이든 개선하거나 얻겠다는 생각과 희망을 포기해야 한다. 그 대신 명상하면서 그저 조용하고 가만히, 살아 있다는 것이 무엇인지 응시하면서 자신의 경험에 감사해야 한다. 그리고 자신을 바라보며 진정한 나를 받아들인다. 이것이 헌신하는 수련에 접근하는 방법이다. 명상은 신성한 의식이며, 자아나 기대를 벗어나 자신을 믿고 표현하는 행위다.

13세기 일본에서 선불교를 창립한 도겐 선사는 명상 수련에 관해 이렇게 말했다.

내가 말하는 좌선은 명상을 배우는 것이 아니다. 그저 휴식과 지복으로 들어가는 관문이며 완전한 깨우침을 인식하는 수련이다. 이는 궁극적 실재의 현현이다. 그 핵심을 한번 이해한 인간은 물을 만난 용이며 산으로 간 호랑이와 같다.

그러니 지적인 이해나 말, 설법을 따르는 것에 바탕을 둔 수련을 멈춰야 한다. 관점을 내면으로 향하게 하는 물러섬을 배워야 한다.[1]

나는 명상에 관한 도겐 선사의 시적인 설명과 경험에서 우러나오는 앎에 대한 깊이 있는 감각이 좋다. 그는 명상에서는 얻거나 달성할 것이 없다고 말한다. 그저 멈추고 호흡하는 행위, 개별 존재를 모두 놓아주고 수련과 명상, 자아실현의 개념에 대한 생각을 초월하는 행위만 존재할 뿐이다. 선의 전통에서 '물러섬'이란 내려놓기에 대한 깊은 감각이며, 무엇인가 얻으려는 노력의 반대를 뜻한다. 명상 수련이 '그저 휴식과 지복으로 들어가는 관문'인 만큼 가장 설득력이 있는 설명이다. 물론 당신은 (그리고 나 역시) 명상에서 매일 이런 경험을 하지는 않을 것이다. 하지만 왜 아닐까? 무엇이 우리의 명상을 방해하는가? 나는 도겐 선사의 말이 열망과 현실을 중시하라는 뜻이라고 믿는다. 그가 한 말은 명상 수련과 삶에 대한 가정을 바꾼다. 그가 사용한 비유는 마음챙김 수련이 나아가야 하는 방향을 암시한다. 우리는

'물을 만난 용이나 산으로 간 호랑이'가 된다. 이는 내가 마음챙김 리더로서 구현하고 싶은 모습이자 마음챙김 리더십을 가르치고 싶은 방식이며, 내가 삶을 살아가고 싶은 방식이다. 내 영역에서 놀라울 만큼 뿌리 깊은 자신감과 근본적인 소속감을 지니고 완전하게 존재하는 것. 그 과정에서 무엇이 방해하든 직면할 준비를 갖춘 모습 말이다.

○

헌신하는 마음챙김 수련

마음속에서 마음챙김 수련을 두 가지 종류로 구분하더라도 마음챙김을 육성하고 더 마음을 챙기는 리더가 되려면 헌신하는 마음챙김 수련을 발전시키고 유지해야 한다. 욕구와 스트레스, '정기적인' 일상 활동과 분리하여 매일 마음챙김을 수련해야 한다는 뜻이다.

헌신하는 마음챙김 수련의 몇 가지 예를 소개한다.

· 명상
· 걷기 명상
· 일기 쓰기

명상

첫 번째 수련인 '일을 사랑하라'에서는 누구나 할 수 있고 원하는 대로 조정이 가능한, 단순한 안내 명상을 소개했다. 물론 명상에는 수많은 유형, 전통과 방법이 존재하며 이 중에서 틀린 것은 없다. 하지만 나는 특히 명상을 처음 접하는 사람일수록 단순하게 접근하라고 권한다. 매일 단 몇 분이라도 꾸준히 시간을 내서 모든 행동을 멈추고 조용히 앉아 있으면 된다.

나는 명상이 무엇인지, 다른 접근법은 무엇이 있는지 설명해달라는 요청을 받으면 세 벽돌공 이야기를 한다. 여기서 세 벽돌공은 함께 일하며 셋 다 벽돌 쌓기라는 동일한 행동을 한다. 첫 번째 벽돌공에게 무슨 일을 하느냐고 물었더니 그는 정확히 그 행위, 즉 벽돌 쌓기를 한다고 대답했다. 두 번째 벽돌공에게 같은 질문을 하자 그는 가족을 부양한다고 대답했다. 그리고 세 번째 벽돌공은 신과 소통한다고 했다. 그들이 벽돌을 쌓아서 교회를 짓고 있었기 때문이다.

명상도 이렇게 설명할 수 있다. 겉으로 보기에는 하나의 활동으로 보이지만 사실 여러 가지 활동이다. 어떻게 보면 명상은 그저 앉아서 몸과 호흡, 생각, 느낌을 알아차리는 행위다. 그저 집중하고 자신에게 더 익숙해지며 친밀해지는 것이다. 이는 첫 번째 벽돌공의 벽돌 쌓기와 비슷하다.

명상은 두 번째 벽돌공의 벽돌 쌓기처럼 특정한 의도나 목적을 품고 진행되기도 한다. 스트레스 완화, 집중력과 관점 육성, 혹은 감성지능을 개선하는 기반을 쌓고자 우리는 명상을 한다. 앞에서 동료 강사가 말했듯 몇 번이고 다시 호흡에 집중하는 작업은 헬스장에서 근육을 키우는 것과 비슷하다. 정신을 더욱더 집중하는 훈련인 셈이다. 또한 우리는 한층 유연한 정신을 키우기 위해 한 가지 대상에 집중하지 않는 열린 인식을 훈련할 수도 있다.

마지막으로 명상은 세 번째 벽돌공의 벽돌 쌓기처럼 일종의 신성한 행위다. 이때의 명상은 도겐 선사가 설명했듯이 명상이라고 부르는 행위를 하려는 의도 없이 물러서고, '휴식과 지복'의 자세를 취한다. 의미를 창조한다고도 설명할 수 있겠지만, 나는 이것도 사실인 한편 훨씬 더 큰 의미가 존재한다고 생각한다. 이렇게 명상에 접근하면 일반적인 이해를 넘어서는 경험이 뒤따라온다. 도겐이 다른 데서 말했듯 '몸과 마음이 떨어져나가고 원래 얼굴이 나타난다'. 이런 의미에서 명상 수련은 가장 건전하고 온전한 '원래'의 자신을 표현한다.

명상 수련은 이 모든 요소를 포함한다.

명상 FAQ

다음은 내가 명상에 관해 자주 받았던 질문들에 대한 답변이다.

Q. 명상은 얼마나 자주 해야 하는가?

A. 매일 명상하는 것이 가장 좋다. 일주일에 몇 번, 혹은 일주일에 한 번 하더라도 하지 않는 것보다 낫다.

Q. 각 명상은 얼마나 지속해야 하는가?

A. 나는 20분에서 30분 정도 앉아 있는 편을 선호한다. 가끔 더 오래 하기도 한다. 가능한 시간이 얼마든 좋다. 내가 알기로 많은 사람이 하루에 몇 시간씩 좌선하기도 한다. 각 명상의 유지 시간보다는 꾸준히 하는 것이 더 중요하다. 가끔 단체로 반나절이나 종일, 혹은 며칠간 수련회를 떠나는 것도 깊은 수련을 경험할 수 있는 훌륭한 방법이다.

Q. 달리기나 수영, 산책을 좋아하는데 이것도 명상과 같은가?

A. 신체 활동은 건강과 삶의 질을 위해 필수이며, 이를 통해 명상의 많은 장점을 얻을 수 있다. 하지만 어떤 활동이나 운동 자극 없이 그저 앉아 있는 행위만의 고유한 이점이 존재한다.

걷기 명상

나는 걷기 명상이 정좌 명상을 대체하지는 않지만 중요한 보완 활동이 될 수 있다고 본다. 마음챙김 경청처럼, 걷기 명상 또한 명상을 움직임으로 구현하는 방법이다.

나는 보통 세 가지 걷기 명상을 가르친다. 첫 번째 걷기 명상은 가장 느린 속도로 정식으로 진행되며 선원에서 정좌 명상 기간 사이에 이뤄진다. 이 걷기 명상은 일어서서 몸과 정신에 완전히 집중하면서 시작한다. 그다음 숨을 내쉬면서 반걸음 내디딘다. 걸으면서 한 발을 땅에서 떼어 공중으로 들고, 그다음 땅에 내려놓는 행위를 인식한다. 걸음을 완성하면서 몸에 의식을 가져온다. 발이 땅에 닿으면 숨을 마시고 부드럽게 체중을 앞으로 이동한다. 다음 날숨에서는 나머지 반걸음을 디디면서 과정을 반복한다. 이 수련을 통해 걷기와 호흡을 동시화할 수 있다. 매일 5분에서 10분, 일상에서 언제든 가능할 때마다 실천한다.

정좌 명상처럼 걸을 때도 가끔 호흡과 몸에 집중한다. 주변 환경이 어떻든 간에, 소리나 느낌을 비롯한 감각에 의식을 열어보기도 한다. 머릿속에 생각이 떠오르면 이를 인식하고 발걸음을 내디디면서 다시 몸과 호흡에 집중한다.

두 번째 걷기 명상은 형식에서 첫 번째 걷기 명상보다 조금 자유롭다. 이렇게 걸을 때는 천천히, 의식적으로 미리 정해놓은

6미터 혹은 9미터 지점으로 걸어간다. 그 지점에 도착하면 멈춘 뒤 뒤돌아서 다시 걷는다.

세 번째 걷기 명상을 나는 '잠행 명상'이라고 부른다. 일상 생활을 하던 중이나 평범하게 걸으면서 걷기 명상을 하는 것이다. 화장실에 가면서 혹은 화장실에서 오는 길에, 차로 가거나 회의하러 갈 때, 또는 자연 속을 걸을 때도 괜찮다. 그저 걸으면 된다. 하지만 스스로 걷기 명상을 한다는 사실을 인식한다. 더욱 더 집중하고 현재에 충실하며 온전히 의식한다.

이 세 가지 유형의 걷기 명상을 일상에서 각각 탐색하고 실험해보자.

일기 쓰기

일기 쓰기를 통해 명상 수련과 비슷한 경험과 효과를 얻을 수 있다. 조용히 몸과 정신, 호흡, 느낌을 의식하며 글을 쓴다. 수많은 연구에서 일기 쓰기가 자기의식을 발전시키고 스트레스를 줄이며 삶의 질을 끌어올리는 결과를 가져온다는 사실이 입증됐다. 명상처럼 일기도 꾸준히 쓰는 것이 좋다. 하루에 몇 분, 혹은 그 이상 실천해본다.

일기 쓰기에는 여러 가지 방식이 있다. 내가 자주 가르치는 방법은 정좌 명상을 반영한 자유로운 글쓰기다. 계획하거나 편집하지 말고, 정좌 명상에서 경험하듯이 의식의 흐름에 가깝게 한두 가지 화두를 정해서 일기를 써보자.

마음챙김 실천하기

연필과 종이를 준비하거나 컴퓨터를 켠다. 다음에 소개하는 화두 중에 하나를 골라서 편집하거나 지나치게 생각하지 말고 2분간 계속 글을 써본다. 원한다면 타이머를 설정하거나 눈에 보이는 곳에 시계를 놓는다. 무엇이 떠오르든 그대로 적는다. 그저 무엇이 떠오르는지 두고 본다. 당신이 쓴 내용은 아무도 읽지 않는다. 이 작업을 해보고 나면 당신은 분명 놀라게 될 것이다. 펜이나 키보드를 계속 움직이는 것만이 유일한 규칙이다. 뭐라고 써야 할지 모르겠으면 다른 내용이 더 생각날 때까지 이렇게 적는다. '쓸 말이 없다…'

여기, 몇 가지 화두를 소개한다. 여기서 영감을 얻어서 자신만의 화두를 떠올려보자.

- 내가 힘든 점은…
- 내가 짜증이 나는 이유는…

- 나를 살아 있게 하는 것은…
- 사랑은…
- 지금 내가 느끼는 것은…
- 내 삶에서 놀라운 것은…

○

통합하는 마음챙김 수련: 적절하게 대응하기

선의 전통에서 제자가 스승에게 질문하는 문답이 등장한다.

"평생 가는 가르침은 무엇입니까?"

스승이 대답한다.

"올바른 대응이다."

참 단순하다. 얼마나 명쾌한가. 평생의 가르침은 당신이 대응하는 방식에서 포착할 수 있다. 통합하는 수련은 마음챙김 수련을 일상생활로 가져오는 방식이며, 어떤 순간이든 대응 방식에 따라 정의된다.

당신은 당신의 삶을 찾아오는 사건이나 기회, 문제에 어떻게 대응하는가? 효과적으로, 현명하고 노련하게 대응하는가? 자동적인 반응으로 대응하는가? 친절하게 대응하는가? 아니면 격하게 대응하는가? 앞서 소개한 대화의 근본적인 핵심은 모든 상황에서 각각 적절하게 대응하는 것이 삶에서 가장 중요한 가르침이라는 것이다. 하지만 분주한 삶과 일상의 근심 속에서 매번 이렇게 대응하기는 쉽지 않다. 무엇보다 '적절한 대응'은 어떻게 정의할 수 있는 것일까? 여기 한 가지 지침이 되는 질문을 소개한다. 어떻게 대응하면 당신과 관계된 모든 이에게 가능한 한 가장 좋은 결과를 가져올까?

적절한 대응은 개별 상황들을 가장 진실하고 생생한 방식으로 대처한다는 뜻이다. 노련하고 효과적이며, 현명하고, 용감하고, 자비로운 '제일 좋은' 방식으로 대응하는 것이다. 이는 최대한 자신의 가치와 깊은 의도에 맞춰진 진심 어리고, 취약하고, 개방적이며 투명한 대응이다. 어떤 경우에는 화를 내거나 호기심을 보이는 것이 적절한 대응일 수도 있다. 때로는 심사숙고하는 것이, 반대로 어떤 때는 즉각 대응하는 것이 가장 적절할 수도 있다. 실수나 부적절한 행동, 의도치 않게 다른 사람을 고통에 빠뜨린 일에는 진심으로 사과한다. 성취는 축하한다. 다른 모든 것을 제쳐두고, 살아 있다는 기쁨을 경험하고 표현할 수도 있다.

달리 말하면, 스스로 적절하게 대응하고 있는지 인식할 때

일을 하라

우리는 '일을 한다'는 사실을 알 수 있다. 헌신하는 수련으로서 명상을 할 뿐만 아니라 의식과 살아 있다는 감각, 호기심, 존재를 발전시키고 일과 관계에 통합성을 부여하여 일상을 살아가는 방식에 마음챙김을 통합한다는 뜻이다. 이런 의미에서 일을 하는 것은 관점과 자세, 의도이자 구체적인 행동이다. 헌신하는 수련이 제대로 인식하기 위해 꾸준히 행동한다는 뜻이라면 통합하는 수련은 언제나, 혹은 최대한 자주 마음을 챙기려는 의도와 시도를 나타낸다.

그런 맥락에서 진정한 질문이 떠오른다. 우리는 왜 항상 적절히 대응하지 않을까? 무엇이 마음챙김을 방해하는가? 여기 네 가지 장애물을 소개한다.

· 타인이나 상황에 대한 인식이 부족하다.
· 섣부르게 재단하고, 자기 비판적으로 느낀다.
· 두려워하고 생각 없이 반응한다.
· 변화를 무서워한다.

이번 장에서는 통합하는 수련의 네 가지 방식을 통해 이런 장애물을 어떻게 극복할지 탐색해보고자 한다. 이는 '일을 한다'가 무엇을 의미하는지 보여주는 사례로 앞으로 이 책에서 더욱 깊이 탐색할 예정이다. 통합하는 수련의 네 가지 방식은 다음과 같다.

· 마음을 열고 듣는다.
· 자기 자비를 우선시한다.
· 감성 인식력을 키운다.
· 정렬을 추구한다.

○

의식을 함양하려면 마음을 열고 듣는다

어떤 상황에서든 스스로 어떤 모습을 보이고 대응할지는 경청의 질에 달렸다. 다른 사람의 말을 듣는 것은 리더에게 특히 중요한 덕목이다. 조직에서는 합의를 이루고 목적을 공유하는 것이 중요하기 때문이다. 이는 곧 개인의 필요와 욕구, 강점을 의식하여 신뢰를 구축한다는 뜻이다. 큰 그림과 광범위한 맥락을 보는 것도 리더의 역할이다. 하지만 혼자만의 제한된 관점으로는 그런 일을 해낼 수 없다.

진정으로 들으려면 '내가 옳다'는 생각을 내려놓아야 한다. 자신감과 겸손의 역설적인 조합이 필요하다.

MIT 부교수이자 《떠오르는 미래에서 리드하라Leading from

the Emerging Future》의 저자 오토 샤머Otto Scharmer는 듣기의 수준을 네 가지로 나누어 설명했다.[2]

— **1. 산만한 듣기**: 아주 흔한 형태다. 진정으로 듣기보다는 내가 무엇을 말할지 혹은 누군가의 말이 내게 어떤 영향을 미칠지 생각한다.

— **2. 사실형 듣기**: 들리는 내용을 듣는다.

— **3. 공감형 듣기**: 상대방의 감정을 탐색하며 듣는다. 내용에 집중할 뿐만 아니라 어떤 감정이 표현됐는지 인식한다.

— **4. 생성형 듣기**: 호기심과 열린 마음으로 듣는다. 단어와 감정의 행간을 듣고 화자가 무엇을 암시하며 어디로 향하는지 단서를 찾는다. 이 형태의 듣기에서 감정과 이미지, 직감이 발생하기도 한다. 상대가 더욱 명확하게 볼 수 있도록 도와주는 방법이다. 충고나 문제 해결과는 다르다.

경청은 리더뿐만이 아니라 모든 사람에게 가장 저평가된 활동이자 기술이다. 경청은 모든 관계의 중심이지만, 놀라울 정도로 관심을 적게 받는 행위다. 내가 진행했던 많은 교육의 참가자들은 종사하는 직업이나 지위, 문화와 관계없이 진정으로 듣는 일이 얼마나 드문지 깨닫고 놀라워했다. 끼어들기나 '올바른' 반응을 비롯한 그 어떤 반응도 배제하며, 그저 온전히 존재하면서 쟁점 없이 듣는 일은 드물다. 타인의 말을 경청하면 자기도 모르게 형성했던 좁고 자기중심적인 세계에서 벗어나 다른 사람의 경험에 마음을 열 수 있다. 그 결과, 경험을 바꾸고 타인과의 유대를 발전시켜서 신뢰와 개방성을 추구하는 공감하는 유인원의 욕구와 갈망을 채울 수 있다.

마음챙김 실천하기

다음에서 제시하는 네 가지 수준의 듣기를 실천해보자.

- 듣지 않을 때와 사실형 듣기를 할 때를 구분하여 인식한다.
- 공감형 듣기를 시도한다. 상대가 무엇을 느끼는지 어떻게 알 수 있을까? 친한 친구나 파트너가 말할 때 무엇을 느끼는지 질문하면서 탐색해본다.
- 생성형 듣기를 탐색해본다. 코치나 컨설턴트, 의료 전문가는

> 이러한 듣기를 꾸준히 실천한다. 직관을 발휘하여 상대방이 하는 말의 행간을 읽으며 들을 수 있도록 마음을 열자. 경청을 하면서 당신이 느낀 감정과 떠올린 이미지를 말로 표현하거나 당신이 보게 된 것에 마음을 열어보자. 그다음 이를 통해 당신과 상대방이 어떻게 공명했는지 연구해보자.

비판을 피하려면 자기 자비를 우선시한다

전 세계에서 온 경영자와 관리자 80명으로 구성된 참가자들을 대상으로 이틀 동안 마음챙김과 감성지능 교육을 진행한 적이 있다. 교육이 끝날 무렵, 성장 중인 스타트업 기업의 최고경영자가 내게 다가와서 교육이 무척 의미 있고 유용했다고 소감을 말하며 이렇게 덧붙였다.

"마음챙김 수련을 통해 자기비판과 재단을 어느 정도 줄일 수 있었습니다. 이 방에 있는 사람들 대부분이 그 한 가지만이라도 달성했다면 이 교육은 대성공일 겁니다."

많은 사람 중에서도 특히 리더들은 동기를 부여하고 성공하려면 자기비판을 하고 자신에게 혹독해야 한다고 믿는다. 이들은 문제나 실패에 직면하면 스스로를 비판하고 벌을 내리는 것이 가장 훌륭한 대응이라고 느낀다. 하지만 나는 그 반대야말로 더욱 효과적이고 성공적일 때가 많다는 사실을 발견했다. 이때 공감하는 유인원이 등장한다. 불안한 유인원이 위험을 알리면 상상력이 풍부한 유인원은 위험을 판단하며 공감하는 유인원은 무엇이 가장 훌륭한 대응인지 인도한다. 타인에게든 우리 자신에게든 그 답은 자비다. 자비와 수용, 무비판은 왜 그토록 어려울까? 여러 가지 이유가 있겠지만 대부분의 경우 모호하고 그저 나쁜 습관 때문이다. 크리스틴 네프Kristin Neff는 자기 자비 분야의 세계적인 연구자다. 그녀가 연구에서 밝힌 자기 자비를 베푸는 데 겪는 가장 흔한 어려움을 소개한다.

— **수동성에 대한 두려움:** 이는 흔히 하는 오해다. 사람들은 자신에게 자애를 베푸는 것은 회피의 일종이며, 이는 더 심한 수동성으로 이어져서 야망과 변화를 일으키는 추진력을 감소시킬 것이라고 생각한다. 사람들은 자신이 강인하고 비판적이지 않았다면 이렇게까지 생산성을 발휘할 수 없었을 것이라고 말한다. 나는 가끔 코칭 고객인 경영자들에게 이 가정을 시험하고 실험해보라고 권한다. 일주일간 스스로를 자애롭게 대한 다음에

과연 생산성에 부정적인 영향이 있었는지 느껴보는 것이다(대부분의 경우 우려와는 달리 생산성이 향상하고 스트레스가 감소하는 것을 느꼈다).

— **윤리에 대한 무관심**: 윤리적 문제나 옳고 그름의 쟁점, 그 결과에 관심이 줄어들 것이라고 두려워한다.

— **변화에 대한 동기부여 상실**: 자신을 받아들이면 중요한 변화를 일으킬 동기와 능력이 줄어들 것이라고 생각한다.

— **노력 감소**: 수용은 변화나 목표 달성을 위한 노력의 감소로 이어질 것이라고 오해한다.

하지만 연구 결과에 따르면 수용하는 자세는 이 모든 관점에서 유용하다. 줄리아나 브레인스Juliana Breines와 세리나 첸Serena Chen은 일련의 연구를 진행하면서 피험자들이 차질과 실수, 자기 약점에 어떻게 대응하는지 평가했다.[3] 실험 참가자들은 (1) 중재가 없는 대조군 (2) 자신의 긍정적인 특성을 적으라고 지시받은 '자존감' 그룹 (3) 이해와 수용, 자기 자비의 관점에서 자신과 자신의 어려움을 적으라고 지시받은 '자기 자비' 그룹 등 세 그룹으로 나뉘었다.

연구자들은 이윽고 실험을 통해 네 가지 성과를 측정했다. (1) 성장하려는 사고방식(변화의 가능성을 믿는다) (2) 반윤리적 행위를 하고 나서 이를 수습하려는 동기부여 (3) 약점을 개선할 동기부여 (4) 개선하려는 노력의 정도가 그것들이다. 이 실험에서 (4)는 시험을 잘 치르지 못한 학생이 공부에 쏟은 시간을 뜻한다.

대조군과 자존감 그룹에 비해 자기 자비 그룹은 네 관점 모두에서 높은 점수를 기록했다. 자기 자비 그룹은 성장하려는 사고방식을 취할 확률이 높았고, 이미 저지른 반윤리적 행위를 고치고 싶어 했으며, 개선하려는 동기가 더 많았고, 개선을 위해 더 많이 노력했다. 이처럼 자기 자비는 아무것도 하지 않는 것보다 (당연히) 어려움을 극복하기에 더 효과적인 방법이다. 또한 역경을 건너뛰고 긍정적인 자기 이미지를 강조하여 '자존감을 높이는' 것보다도 효과적이다.

연구진은 이렇게 결론지었다. '자기 자비는 자기를 비하하거나 방어적으로 높일 필요 없이, 자기 실수와 약점에 정면으로 부딪쳐서 자기 개선 동기를 촉진한다.'

'자기를 비하하거나 방어적으로 높일 필요 없이' 역경에 정면으로 대응하면 자신감을 유지할 수 있다. 연구에서 나타났듯이 자기 자비 그룹은 자신이 성장할 수 있다는 가능성에 더 큰 자신감을 보였고, 자신이 존경하는 사람과 시간을 보내려는 욕구가 더 강한 경향이 있었다.

°

자동 반응을 피하려면 감성 인식력을 키운다

첫 번째 수련인 '일을 사랑하라'에서 설명했듯이 인류가 진
화해온 방향은 현명하거나 환경에 적절하게 대응하는 쪽이 아
니었다. 우리는 위험을 피해서 살아남아 우리의 유전자를 다음
세대에서도 이어가도록 진화했다. 불안한 유인원은 끊임없이
우리를 둘러싼 환경 안팎의 위험을 살피며 잠재적 위험에 기본
적으로 세 가지 방식으로 대응한다. 투쟁, 도피, 혹은 경직. 이 세
가지 방식은 극단적이거나 생명을 위협받는 응급 상황에서 매
우 효과적이고 적절한 대응 방법이다.

예를 들어보자. 나는 마린 헤드랜즈 언덕에 등산하러 간 적이 있는데, 언덕에서 발을 내딛다가 오른발로 뱀 같은 것을 건드렸다. 그리고 그 즉시 내 몸속에서 분비되는 화학물질이 바뀌는 것을 느끼며 놀라서 펄쩍 뛰었다. 그러다 다시 발밑을 살펴봤더니 내가 건드린 것은 뱀이 아니라 나무 막대기였다. 그러자 나의 내부에서 울렸던 경종이 멈추고 도피 반응이 잦아들면서 내 몸의 화학물질은 빠르게 원래 상태로 돌아왔다. 또 하루는 같은 곳을 등산하는데 앞쪽에서 퓨마가 지나가다가 자기 앞을 지나가는 동물을 사냥하려는 듯 쭈그리고 앉는 모습을 발견했다. 나는 이전과 또 같은 경험을 했다. 이윽고 나는 퓨마가 나를 사냥하려 한다고 인지하고 내 몸을 최대한 크게 부풀린 다음, 뒤로 천천히 물러나서 다른 길을 통해 차로 돌아갔다.

두 사건 모두에서 내가 한 대응은 적절했다. 첫 번째 사건에서는 불필요한 대응이긴 했지만, 내 몸은 인식한 위험, 즉 진짜 뱀은 아니었지만 뱀이라고 인식한 것으로부터 피하고자 올바르게 반응했다. 만약 내가 그 순간에 '잠깐, 저것이 정말 뱀일까?' 하고 망설였다면 치명적인 결과로 이어졌을지도 모른다. 불안한 유인원은 모든 잠재적인 위험에 과민하게 반응하여 생존했고, 그렇게 살아남아서 훗날 그 일을 두고 웃어넘길 수 있었다.

우리 몸은 위협을 받으면 놀라울 만큼 효과적으로 부교감

　　　　　　　　　　　　　　일을 하라

신경을 차단하고 생존 모드로 전환한다. 뇌의 경종인 편도체가 몸을 장악하는 것이다. 위협을 받았을 때 우리 몸속의 화학물질들은 자연스럽게 투쟁이나 도피, 경직으로 반응한다. 하지만 육체적 위협과 인지된 위협이 진짜로 우리의 생명을 위태롭게 하는 경우는 드물다. 우리가 평생 막대기를 보고 뱀이라고 생각해서 매번 펄쩍댄다면 전문적이고 적절한 대응을 연습할 수 없을 것이다. 상사에게 까다로운 업무 메일을 받거나 고속도로에서 다른 차에 가로막히거나, 중요한 고객을 잃었을 때 투쟁, 도피, 경직 반응을 보이면 문제를 해결하는 데 도움이 되지 않는다.

내가 이 책에서 제시하는 일곱 가지 수련은 감성 인식력 함양을 도와준다. 이는 마음챙김의 핵심이기 때문이다. 마음챙김을 적용하기 가장 어려운 상황은 우리가 충동적인 상황에 놓였을 때, 두려움을 느끼고 생각 없이 본능적으로 반응할 때다. 감정적 도화선은 미묘할 수도, 그렇지 않을 수도 있다. 우리는 실제 위협이나 인지된 위협에 자극을 받는다. 누군가의 목소리나 이메일에서 분노를 인지하면 그 사람을 피하거나 맞서 소리 지르거나, 차단하고 싶은 충동을 느낀다. 우리의 뇌가 인지한 분노가 진짜인지(사냥하는 퓨마), 착각이고 실수인지(해롭지 않은 막대기)는 그리 중요하지 않다. 물론 당장의 감정적인 반응을 멈추기는 힘들 수도 있다. 그러나 마음챙김은 그다음 순간에 우리가 의식적으로 적절히 대응하도록 도와준다. 그렇지 않고 여전히 감정적인 반응을 이어가면 거의 확실하게도 우리가 직면한 문제 상황은 악화되기 마련이다.

예를 들어 만일 고속도로에서 다른 차량이 당신이 가는 길을 막았을 때 순간적으로 분노가 치솟았다고 치자. 당신은 그 운전자를 추격하고 소리 지르면서 죽을지도 모른다는 두려움을 불러온 바로 그 사고를 실제로 일으킬 위험을 감수할 것인가? 한순간 막대기 때문에 다칠 것 같은 생각이 들었다고 해서 진짜로 그 막대기를 부러뜨릴 것인가?

감성 인식력은 본능적으로 반응하기 전에 잠시 멈추고 상황과 느낌을 판단한 다음, 가장 효과적인 방법으로 행동할 수 있게 한다.

마음챙김 실천하기

감정적인 충동이 일어날 때는 일단 멈추자. 그리고 그저 인식해본다. 벌어진 상황에 호기심을 가진다. 타인의 동기를 비난하거나 섣불리 그 의도를 가정하지 않도록 조심한다. 다른 수련에서 안내하듯이 자신이 모든 상황을 안다고 가정하지 말고 그저 자

일을 하라

신과 타인의 감정을 연결한다.

그 순간이 지난 후에는 스스로에게 이런 질문을 던진다. 이 감정은 어떤 방식으로 익숙한가? 배울 수 있는 패턴이 있는가? 나는 변화나 어려움, 성공이나 실패에 어떻게 대응하는가? 확신이 들 때나 불확실하다고 느낄 때 나는 어떻게 대응하는가? 갈등을 탐색하는가, 피하는가? 아니면 무시하는가?

그다음 이런 질문을 해보자. 현재와 미래에 모두에게 가장 좋은 결과를 가져올 대응은 무엇인가?

。

변화에 대한 두려움을 피하려면 정렬을 추구한다

나는 처음에 기업들이 직원들에게 마음챙김과 감성지능을 가르치면, 직원들이 자기 인식과 감성 인식력을 계발하면서 더 행복해지고 일을 즐기며, 회사에 오래 남을 가능성이 커질 것이라고 생각했다. 그리고 이 생각은 실제로 현장에서 많은 직원들에게 적용됐다. 마음챙김의 효과는 생산성과 리더십 기술, 삶의 질을 끌어올렸고, 현재 직업에 대한 만족으로 이어졌다.

하지만 어떤 이는 마음챙김을 통해 자신의 가치와 일이 정렬되지 않는다는 사실을 인식했다. 자신이 회사의 조직문화와 맞지 않는다거나, 지금 하는 일이 자신과 맞지 않다는 사실을 깨달은 것이다. 마음챙김 교육을 계속 진행하면서 관찰한 결과, 어떤 사람들은 회사에서 자기 역할을 바꾸거나, 심지어 회사를 떠나 자신에게 더 유의미하고 자신이 추구하는 가치와 욕구에 맞는 일을 찾아 나서기도 했다.

마음챙김 수련은 불만족으로 이어지지 않는다. 그보다는 실측 현실과 창조적 격차를 더욱 명확하게 볼 수 있게 도와준다. 우리는 가끔 실측 현실을 무시하거나 부정한다. 변하는 것, 특히 그 변화가 미지의 세계로 이어지는 것이 두렵기 때문이다. 그래서 망설이거나 미루고, 변하지 않도록 합리화하거나 당장의 현실에 불만족하지 않도록 자신을 설득한다. 하지만 자기 마음에 피어오른 느낌이 어떤 것인지 정확하게 인식했다면 그것에 맞춰 일과 삶의 정렬을 추구하고 변화하는 것이 적절한 대응이다. 사실 이 방법은 적절한 대응이 무엇인지 평가하는 수단이기도 하다. 적절한 대응이란 자신이 생각하는 가장 중요한 가치와 정렬을 이루는 행동이다.

내 삶을 전환하게 만든 중요한 계기는 주로 인식이 변하거나 성장하면서 내가 추구하는 중요한 가치와 내가 하는 일의 정렬이 맞지 않는다는 사실을 인식한 것이었다. 럿거스대학교에 다니는 동안 나는 명상과 마음챙김에 관심이 커졌는데, 이 관심사를 더 깊이 추구하려면 나는 그곳을 떠나야만 했다. 샌프란시스코 선원에서 10년간 생활한 후에는 마음챙김 수련과 선원을 벗어난 일상적인 환경에서의 수련을 통합하는 것이 나에게 무엇보다 중요한 일이었다. 그때에도 나는 정렬을 추구하면서 선원을 떠나 경영대학원에 입학했고, 기업들과 일하기 시작했다.

삶은 늘 변하고 우리도 변화하므로, 우리는 항상 정렬을 넘나든다. 집중해서 살펴보면 우리는 거의 항상 어떤 식으로든 전환기에 서 있다. 모든 사람과 만물은 역동적이고 변화하며 진화한다. 따라서 계속 자문해야 한다. '지금 무엇이 가장 중요하며, 그에 맞춰 나는 어떤 일을 하고 있는가?'

마음챙김 실천하기

정렬을 파악하기 위해 7분간 다음 주제에 대해 적어보자. 내 일과 삶은 가장 중요한 가치와 어떤 식으로 정렬을 이루는가? 어떤 식으로 정렬이 어긋나는가? 더 정렬하려면 어떤 행동을 해야 하는가?

총체적 재앙

일이나 결혼, 자녀, 부모 등 온갖 이유로 삶에서 총체적 재앙을 겪으면서 마음챙김을 유지하고 매 순간 적절한 대응이 무엇인지 직감하기는 쉽지 않다. 마음챙김 리더가 되려면 어려운 결단을 내리거나 다른 사람의 말에 귀를 기울이고, 그들의 소망을 따라야 한다. 이는 실제로 특정 집단을 지도한다는 의미이기도 하고, 단순히 상황에 충실하게 대응한다는 의미이기도 하다. 이것이 실제 삶에서 어떤 모습인지 예를 들기 위해 나의 사례를 소개한다. 가장 힘든 시기에 어머니를 돌보면서 마음챙김을 수련했을 때의 일이다.

나의 어머니는 플로리다주 보카 레이턴에 살던 무렵 뇌종양을 진단받았다. 이 진단에 따라 우리 가족 안에서는 많은 일이 있었고 그때마다 다양한 대응이 이뤄졌다. 당시 나는 샌프란시스코 북부에서 아내와 어린 두 자녀와 함께 살았다. 당시 나는 브러시 댄스의 최고경영자였고 빠르게 성장 중이던 작은 회사를 운영하는 데 에너지를 집중하던 시기였다. 어머니에게 뇌종양이 발병하면서 간병을 위해 아내와 나는 어머니를 플로리다에서 우리 집으로 모셔 왔다. 이는 어머니 입장에서는 플로리다에 있던 집을 팔고, 삶의 마지막 장이 될 현실을 직면한다는 의미였다. 나의 어머니는 17년간 살아온 집과 보카 레이턴의 공동체를 사랑하는 분이었다.

그럼에도 불구하고 어머니는 우리와 함께 살기로 결정하셨다. 몇 주 사이에 플로리다 집을 팔고 차와 가구, 소유물 대부분을 처분하고 우리 가족의 집에 오셨다. 이 새로운 동거가 얼마나 지속될지는 아무도 몰랐다. 의사들은 어머니가 몇 달, 혹은 몇 년을 더 사실 수 있다고 했다. 우리 모두는 앞으로 힘든 날들이 펼쳐질 것이며, 다들 이 새로운 상황에 스트레스를 받고 적응해야 한다는 사실을 인지했다. 그러나 어머니가 남은 시간을 우리와 함께 보내야 한다는 데는 이견이 없었다.

그 결정 이후로 우리는 함께하는 몇 달간 뜻깊고 아름다운 친밀감과 유대감을 경험했다. 당시 각각 열두 살과 일곱 살이었던 아이들은 할머니가 곁에 있는 것을 좋아했고, 자기들 나름대로 할머니를 돌보려고 노력했다. 그러던 어느 날, 내가 점심시간에 잠시 집에 왔을 때였다. 당시에는 특히나 업무 스케줄이 복잡했던 시기였는데 와중에 어머니를 병원에 모시고 가야 하기도 했다. 나는 어머니에게 내가 집에 도착하기 전에 옷을 입고 병원에 갈 준비를 마치고 계시라고 미리 얘기해두었다. 그러나 약속과는 달리 내가 집에 왔을 때 어머니는 잠옷을 막 벗고 옷을 갈

아입으실 참이었다. 나는 순간 울컥하는 기분에 불만과 짜증, 분노가 뒤섞인 성급한 반응을 했다. 그러다 잠시 멈추고 자세히 봤더니 어머니가 힘겹게 옷을 입고 계셨다. 고통스러워도 최선을 다하는 모습이었다. 나는 상황에 자비롭게 대응하지 않은 셈이었다. 어머니를 돌보러 집에 왔다는 사실, 나의 감정적인 반응과 내가 실제로 원하는 의도 둘 사이의 격차가 벌어진 현실을 인식했다. 나는 잠시 멈춰서 스스로를 다잡았다. "레서, 너 지금 뭐하는 거야?" 부끄러운 마음으로 나 자신에게 말을 건넸다. 그다음 여유를 되찾고 중요한 일이 있으니 황급히 일터로 되돌아가야 한다는 사정을 내려놓았다. 나는 태도를 바꿔서 현재에 충실하고 기민하게 대응하기로 하고, 어머니가 옷을 입는 것을 도와드렸다. 짜증이 나고 실망스럽고 단절된 느낌에서 부드럽고 다정하며 자비로운 느낌으로 전환했다. 그리고 사무실에 전화해서 나의 업무를 다른 사람에게 맡겼다.

몇 주 후 병원에서는 어머니에게 심각한 폐렴이 발생했다고 했다. 의사는 어머니를 검사한 후 나를 따로 불러서, 아마 며칠 이상 살지 못하실 것 같다고 말했다. 병원에 입원해서 여러 가지 응급 수술을 할 수 있지만, 그렇게 조치해도 기껏해야 며칠이나 몇 주쯤 생명을 연장할 수 있을 뿐이었다. 나는 의사에게 물었다.

"선생님의 어머니라면 어떻게 하시겠습니까?"

의사가 대답했다.

"집으로 모시고 가서 편하게 해드릴 겁니다."

하지만 그것은 내가 결정할 문제가 아니었다. 의사와 나는 어머니에게 이야기했다. 어머니의 상태를 솔직하게 알리고 아마 오래 살지 못하실 것이라고 전했다. 나는 어머니에게 현재 어떤 선택이 가능한지, 내가 던진 질문에 의사가 뭐라고 대답했는지 모든 것을 털어놓았다. 어머니는 슬픔과 사랑, 만족, 체념이 아름답게 어우러진 대답을 하셨다.

"그래, 집에 가자. 나는 오랫동안 행복하게 살았어. 이제 준비됐다."

나는 어머니의 대답에서 경이로움을 느꼈다. 용감하고 품위 있게 자신의 상황을 직면하고 완전히 받아들이는 능력이 녹아 있는 대답이었기 때문이다. 우리는 깊게 포옹하며 울었고, 집으로 돌아왔다. 아내와 나는 우리 집에서 가장 조용하고 아늑한 공간인 부부 침실을 어머니에게 내드리기로 했다. 이 결정을 하는 가운데에 아무런 이견이 없었다. 사실 치열하게 논의했던 것 같지도 않다. 그러나 어머니의 대응은 달랐다. 어머니는 우리의 제안을 거절하시고, 집에서 가장 중심이 되는 곳이자 활기에 찬 공간인 거실로 가서 소파에 누우셨다. 어머니는 그곳을 원했다.

고립되지 않고 가족들에게 다가갈 수 있으며 일상생활이 일어나는 중심 공간에 머무르고 싶으셨던 것이다. 나는 어머니의 결정에 놀랐지만 망설이지 않고 동의했다. 어머니가 삶의 마지막 며칠 동안 지내고 싶어 하시는 공간에 대한 선택을 존중했다.

다음 날 어머니는 확실히 기력이 떨어지신 채로 거실 소파에 누워 계셨다. 나는 어머니가 제일 좋아하는 과일 스무디를 만들었다. 커다란 컵에 드시기 편하도록 빨대를 꽂아 드렸더니 어머니가 물으셨다.

"레서, 뭐 하니? 얼마 안 있으면 죽을 텐데 웬 과일 스무디야?"

나는 대답했다.

"돌아가시는 건 어쩔 수 없죠. 그저 건강하게 가셨으면 좋겠어요."

우리는 둘 다 웃고 울었다.

며칠 후 어머니는 더 쇠약해지셨다. 조용하고 차분했다. 밤 늦도록 아내와 나는 거실 소파에 누운 어머니 옆에 앉아 있었다. 우리는 어머니의 호흡이 느려졌다가 가빠지는 것을 느꼈고, 어머니와 함께 호흡했다. 그러다 그 순간이 왔다. 길고 느린 날숨이 끝나고 들숨이 뒤따르지 않았다. 우리는 고요함과 슬픔, 해방이라는 압도적인 감각을 느끼며 그곳에 앉아 있었다.

일을 하라

'일을 하라'
핵심 수련법

- 헌신하는 마음챙김 수련을 실행하거나 계속 이어간다. 명상과 걷기 명상, 일기 쓰기를 자유롭게 혼합하며 일상에서 꾸준히 실천한다.

- 통합하는 마음챙김 수련을 실행하거나 계속 이어간다. 그리고 스스로에게 질문한다. '적절한 대응은 무엇인가?'

- 사실과 느낌을 생각하며 듣고, 생성형 듣기를 수련한다.

- 자기 자비를 수련한다. 자애를 실험해본다.

- 울컥하는 느낌이 들거나 자동적인 반응이 나오려고 할 때, 의식적으로 멈춘 다음 적절한 반응을 평가하고, 감성 인식력을 함양한다.

- 변화가 두려울 때마다 실측 현실과 창의적 격차를 정의하고, 내가 추구하는 가치와 내 삶의 정렬을 추구한다.

03

전문가가 되려고 하지 마라

과학 혁명은 지식 혁명이 아니었다.
다른 무엇보다 무지의 혁명이었다.
가장 중요한 질문에 대한 해답을 모른다는 인류의 깨달음이
과학 혁명을 일으켰다.
_유발 하라리Yuval Harari,《사피엔스》

마음챙김이라는 단어는 팔리어 'sati'를 번역한 것으로, '기억하다'라는 뜻이다. 내가 여기 존재하고 깨어 있으며, 살아 있고 자유롭다는 사실을 기억한다. 내가 어디에서 왔고 어디로 가고 있는지, 지금 이곳은 어디인지 기억한다. 인간으로서의 고통과 가능성을 기억한다. 자동 조종 상태에서 의식적 상태로 변화해야 한다는 사실을 기억한다. 삶에서 느껴지는 살아 있다는 세세한 사실과 측정 불가능한 거대한 삶의 진리에 집중해야 한다는 것을 기억한다. 무엇이든 처음 접하는 것처럼, 지구에서 머무르는 시간이 제한된 것처럼(실제로 그렇다) 보고, 듣고, 느끼고, 맛보고,

만져야 함을 기억한다. 몸과 정신, 마음에 감사해야 함을 기억한다. 어디가 억눌려 있는지 인식하고, 전혀 억눌려 있지 않을 때 삶이 어떨지 기억한다. 태어나서 죽음에 이르기까지 삶의 놀랍고 불가사의하며 역설적인 본질을 기억한다.

무엇이 기억을 방해하는가? 두려움과 습관, 혼란, 성욕, 혐오, 초조함, 그 밖의 모든 것이 기억을 방해한다. 이는 리더는 물론이고, 누구에게나 힘든 일이다. 마음챙김 리더십에 있어 특히 기억을 크게 방해하는 것은 우리가 옳다는 생각, 올바른 답이 존재하며 우리가 그것을 안다는 생각이다.

의료 전문가나 기업가, 구글, 디즈니, SAP의 엔지니어, 관리자, 경영자 등 기업이나 조직에서 마음챙김과 명상을 가르칠 때마다 나는 놀라곤 한다. 교육에 참가한 사람들로부터 최고의 명상가가 되기 위해 경쟁하는 모습, 탁월해지고 싶은 욕망이 빠르고 강력하게 보이기 때문이다. 처음에 함께 명상을 할 때 사람들이 불필요하게 노력을 기울이는 모습을 보곤 한다. 이는 어깨나 턱, 얼굴 근육을 조이고 긴장하는 모습으로 표현된다. 명상이 끝나고 참가자들이 명상 수련에 대해 질문할 때면 이들이 하는 근본적인 우려 두 가지가 무엇인지 금세 떠오른다. (1) 내가 틀리게 하지는 않았는가? (2) 다른 사람이 더 잘하고 있지는 않은가?

이런 질문들에 대해 나는 마음챙김 수련에서는 옳고 그름에 대한 일반적인 판단을 버리는 것이 중요하다고 대답한다. 그러면 사람들의 얼굴에서 호기심과 안도감이 피어난다. 명상 행위에는 옳고 그름이 존재하지 않는다. 나는 사람들에게 훌륭한 명상가가 되려고 하지 말라고 한다. 이것은 마음챙김과 명상 수련의 중요한 지침이다. 전문가가 되려고 하지 마라.

마음챙김에서 전문가가 된다는 것은 오해의 소지를 불러일으키며, 부적절하고, 심지어 역효과를 낳는다. 사실 마음챙김 명상의 핵심 효과는 불완전하고 편견으로 가득한, 잘못 이해된 세계의 이미지와 이야기, 정신적 모델을 직접 경험하고 이해하는 것이다. 마음챙김 명상을 훈련하면서 성공하려고 고군분투하거나 실패에 두려워하는 마음을 내려놓아야 한다. 이런 깨달음과 이해를 통해 자신의 생각, 느낌, 아이디어뿐만 아니라 타인의 생각, 느낌, 아이디어에도 마음을 열고 호기심과 유연성을 발휘할 수 있다. 그 결과, 자신과 타인의 말을 더 잘 듣게 되고, 한층 높은 수준의 이해와 유대를 달성하게 된다.

기업의 리더와 직원들에게 '전문가가 되려고 하지 마라'라는 수련을 처음 소개했을 때, 대부분은 회의적인 표정을 짓거나 고개를 가로저었다. "왜 그래야 합니까? 회사에서 전문가가 되지 않거나 전문성을 발휘하지 않으면 비웃음을 사거나 도태될

텐데요?" 같은 반응을 보이기도 했다.

그 말도 사실이다. 리더십과 비즈니스의 세계에서 전문가가 되면 높은 평가와 많은 보상을 받는다. 우리에게는 전문가가 필요하다. 우리는 평생 부모로서, 배우자로서, 교사로서, 리더로서, 근로자로서, 학생으로서 우리에게 주어진 모든 역할과 기능에서 전문가가 되려고 애쓴다. 전문가는 더 많은 급여와 보너스를 받는다. 평가에서 좋은 결과를 얻고 원하던 대로 승진한다. 그러나 실패하면 떠나야 한다. 혹은 그렇게 되는 것으로 보인다.

전문성과 탁월함을 위해 노력해야 할 때도 있지만, 이런 노력이 실측 현실과 중요한 가치를 보지 못하게 눈을 가리면서 방해가 될 때도 있다. 따라서 마음챙김에 초심자처럼 접근하고 전문가가 되려는 욕망을 포기하며 안전하고, 옳고, 중요해지고 싶은 욕구를 줄이면 역설적으로 자신감과 유연성, 효율성을 키울 수 있다. 이런 태도는 마음챙김뿐만 아니라 리더십이나 건전한 관계, 삶을 즐기고 감사하는 행위 전반에도 적용된다. 호기심, 개방성, 모른다는 사실에 대한 인식은 전문가가 되려고 애쓰면서 자신의 전문성을 증명하거나 방어하는 것보다 훨씬 효과적인 전략이다.

스즈키 순류의 말은 이런 접근법을 완벽하게 요약한다. "수련에서 가장 중요한 것은 올바르거나 완벽하게 노력하는 것이다. 수련의 노력은 성취에서 비성취로 나아가야 한다."

'올바르거나 완벽한 노력'이라는 개념은 다소 역설적이다. 이는 부가적이거나 불필요한 노력을 하지 않으려는 노력이다. 이해하거나 구현하기 더 어려운 것은 '비성취'다. 특히 일과 리더십의 맥락에서는 비성취하기가 더욱더 까다롭다. 리더십의 성공과 구현, 만족의 핵심은 이런 결과를 달성하려는 불필요한 추가적인 노력을 그만두는 데 있다.

마음챙김은 실제적이고 직접적이며 여과되지 않은 경험과 감각, 생각, 직관의 모든 영역을 두루 경험하는 행위다. 마음챙김은 인생의 아름다움과 신비뿐만 아니라 자기비판, 판단, 수치심, 두려움과 환상을 있는 그대로 인정하게 해준다. 참신함과 따뜻한 마음, 자비로운 자세를 함양하는 수련은 마음챙김에 포함된다. 마음챙김 자체를 전문가가 되지 않는 것으로 정의할 수 있다. 그런 맥락에서 스즈키 순류는 '초심자의 정신'을 취해야 한다고 말했을 것이다.

◦

불안한 유인원은 전문가가 되고 싶어 한다

전문가가 되는 것은 그렇지 않은 것보다 더 안전하고 쉽다.

불안한 유인원의 내정 상태는 자신을 둘러싼 안팎의 위험을 탐색한다. 불안한 유인원의 미심쩍고 비판적인 정신은 자주 의문을 떠올린다. 나는 어떠한가? 옳은가, 틀린가? 잘하고 있는가, 못하고 있는가? 보호받는가, 취약한가?

다른 이는 아는데 나는 모르고 있고, 정보가 부족하며 확신하지 못하는 것처럼 보이면 취약해진다. 또한 누군가 더 똑똑하고 능숙한 사람이 끼어들어서 원하는 것을 가져갈지도 모른다는 위험이 발생한다. 위험한 상황 자체를 알아차리지 못할지도 모른다. 우리는 불안한 유인원으로서 최대한 빨리 배우려고 하고, 무언가를 확신했을 때 기분이 나아진다. 일단 '알면' 세상을 예측하기 쉬워지므로 좀 더 여유로워진다. 이해하려고 힘들게 노력하지 않아도 되고, 위험과 기회를 쉽게 발견할 수 있다.

불안한 유인원은 '초심자'로 돌아가고 싶어 하지 않는다. 그동안 '전문가'가 되기 위해 힘들게 노력했고, 그로써 얻은 지위는 이후에도 성공을 지속할 수 있게 해준다. 하지만 사실 이것은 단순히 지위의 문제가 아니며 내려놓기에 대한 저항의 문제다. 이 저항의 문제는 생존에 대한 우리의 본능적인 감각 및 익숙한 사고방식과 관련된다. 스스로 전문가라고 생각하든 그렇지 않든, 모두가 이 문제의 영향을 받는다.

이번 수련의 목표는 경험과 기술을 포기하는 것이 아니다.

오히려 이 수련은 거의 모든 상황에서 생산적인 접근법이 무엇인지 정의해준다. 즉, 학생이나 초심자처럼 이미 형성된 관념을 벗어나 자유롭고 열린 정신을 취한다는 뜻이다. '나는 안다'는 전문가의 자세다. '궁금하고 배우고 싶다'가 초심자의 자세다.

이런 자세는 불안한 유인원이 취하기에는 까다로운 자세이므로 우리는 이를 힘겨워할 때가 많다. 하지만 '궁금하고 배우고 싶다'는 초심자의 자세는 여러 상황에서 유용하고 효과적인 접근 방식이다. 자신과의 관계는 다른 모든 관계의 기본이다. 초심자로서의 정신을 수련하면 개인적인 성장 및 발전의 기반을 마련할 수 있다. 또한 자기 자신을 더 깊이 알고자 탐구하고 자신의 내면과 개방적으로 소통하는 관계를 형성할 수 있다.

이것이 마음챙김의 가르침이다. 어떻게 열린 마음과 호기심으로 대응하고 참여하며, 비판을 중단하고 관찰할 것인가? 마음챙김을 수련할 때는 어떤 생각이나 특정한 신념에 동의하지 않는다. 반대하거나 비판적으로 반응하지도 않는다. 발견한 것을 확정하지도, 거부하지도 않으며 탐구하는 자세를 취한다. 신념과 일치하는 것을 받아들이든 그렇지 않은 것을 밀어내든, 두 가지 반응은 모두 불안한 유인원의 반사적인 정신 습관이다. 이 습관은 일반적으로 자동 조종의 형태를 띠며, 자신의 능숙함이나 전문성을 믿을 때 발달하기 마련이다.

이 책에서 제시하는 일곱 가지 수련은 모두 반사적인 정신 습관이나 자동 조종 상태, 잠든 정신 등 의식과 집중을 방해하는 정신을 인식하고 변화하는 것이 목표다. 초심자의 정신에는 무엇을 추가할 필요가 없다. 그저 지금까지 해오던 가정과 습관을 원 상태로 되돌리면 된다. 지금 모든 활동은 새롭고 신선하다. 지금 모든 순간은 살아 있다. 우리는 창조하는 게 아니라 알아차릴 뿐이다. '초심자의 정신'이라는 용어는 실제 상태를 경험할 수 있는 능력을 뜻한다.

。

실패를 수용하라

대부분의 리더십 모델은 아는 것과 이해를 강조한다. 그리고 이런 지식에 기반을 두고 결정을 내리며 무엇을 해야 할지 안다고 다른 사람을 설득하는 작업을 중시한다. 하지만 마음챙김은 이렇게 행동하라고 하지 않다 보니 극단적으로 취약한 느낌으로 이어질 수 있다. 지금까지 우리는 리더로서 이렇게 행동하지 않으면 실패하는 것이나 마찬가지라고 생각하도록 진화해 왔고 배웠기 때문이다.

그러므로 이 수련은 이와 같은 자동적인 반응을 줄이는 것에서부터 시작한다. 반응과 보호 위주의 정신 체계에서 적합한 대응 위주로 나아가는 것이 이 수련의 목표다. 그러려면 실패를 수용하고, 실패하고도 생존하고 배울 수 있다는 현실을 수련하고 받아들여야 한다. 나는 이 수련법을 샌프란시스코 포트 메이슨에 있는 베이 에리어 즉흥 극장Bay Area Theatre Sports의 즉흥극 강의 시간에 첫 연습을 하면서 배웠다. 당시 강사였던 조 갈베즈Zoe Galvez는 강의에 참석한 참가자 열여섯 명에게 팔을 허공에 펼치고 크게 웃으며 소리치라고 했다. "나는 실패했다!" 다시, "나는 실패했다!" 마지막으로 진심을 담아서, "나는 실패했다!"

실패 선언은 재미있으면서도 묘하게 해방적이었다. 실패에 대한 두려움을 내려놓고 심지어 실패를 축하하는 것은 즉흥 극장에서 배운 중요한 기본 수련이었다. 즉흥극은 항상 실패의 위험을 안고 있고, 즉흥극 배우는 누구나 몇 번이고 계속 실패하지만 그렇다고 해서 공연을 그만두지 않는다. 즉흥극 수업이 이루어지던 교실은 위험을 감수하는 방법을 배우는 공간이자 승리나 패배, 좋아 보이는 것이나 나빠 보이는 것, 올바르게 하려는 시도를 걱정하지 않아도 되는 실험적이면서도 안전한 공간이었다.

나는 청중 앞에서 말할 때의 공포를 줄이고 싶어서 이곳에서 즉흥극 수업을 들었다. 당시 나는 대본이 없거나 뭐라고 해야 할지 모르는 상태에서 청중 앞에서 말하는 악몽을 종종 꾸곤 했다. 즉흥극 수업은 그런 공포를 떨치는 데에 많은 도움이 됐다. 즉흥극 수업을 통해 초심자의 정신을 수련하면서 나는 불안한 와중에도 더 여유롭고 자신감을 느낄 수 있었다. 그 이후로 나는 한층 더 성장했다. 오랫동안 다양한 집단을 대상으로 교육을 진행해왔으며, 공개적으로 연설해야 하는 경험을 많이 하면서 자신감을 쌓아올렸다. 지금도 스스로를 실패작이라고 여기려 하거나 '전문가'가 되고자 하려는 불안한 유인원의 충동이 들 것 같을 때마다 즉흥극 수업을 듣던 시절을 떠올린다.

가끔 '나는 실패했다' 훈련을 마음챙김 리더십 워크숍에서 진행하거나 내면 검색 프로그램에 포함할 때도 있다. 이 훈련은 성공과 실패에 대한 일반적인 신념과 집착을 잘라내기에 적절한 수단이다. 한 리더십 워크숍에서 마흔다섯 살의 오스트리아 출신 정신과 의사는 이 훈련을 마치고 나서 눈물을 흘렸다. 그는 지금까지 이런 활동을 한 번도 해본 적이 없다고 했다. 태어날 때부터 오로지 성공을 위해 훈련받아온 사람이라는 느낌이 들었다. 그는 학생 시절 늘 최우수 성적만 받았고 제일 좋은 학교에 들어갔으며 의사로서 성공을 거뒀다. 그렇게 전문가가 되려고 힘들게 애쓰던 마음을 내려놓는 짧은 순간은 그에게 감동과 자유를 선사했다.

이 수련은 혼자서도 해보기 쉽다. 실패를 수용하는 태도로 마음을 전환해보자. 일상에서 크든 작든 '나는 실패했다' 훈련을 할 수많은 기회가 찾아온다. 늦었을 때(나는 실패했다!), 누군가의 이름을 잊었을 때(나는 실패했다!), 무엇인가를 쏟았을 때(나는 실패했다!), 실수했을 때(나는 실패했다!) 등 언제든 좋다. 무엇보다 먼저 실패에 대한 지금까지의 습관적인 대응이 어땠는지 인식하자. 당신이 나와 비슷하다면 실패했을 때 긴장되고 위축되며 조바심과 화가 날 것이다. 그다음으로는 긴장되고 위축된 반응을 바꿀 수 있는지 살펴보자. 그런 기대가 충족되지 않음을 인정하고 이렇게 생각한다. '정말 흥미롭네.' 그다음 차례는 '나는 실패했다' 훈련을 해보는 것이다. 자신이나 타인에게 크게 외친다. "나는 실패했다!" 이때 진심으로 미소 지으면서 말한다.

늘 처음인 듯 새로운 눈으로 보라

나는 매일 무엇인가 보고 듣는다.
기쁨으로 벅차 쓰러질 만큼.
_메리 올리버Mary Oliver

처음으로 자전거를 탔을 때나 자동차를 운전했을 때, 새로운 소프트웨어 프로그램을 사용했을 때, 혹은 첫 키스를 했을 때를 기억하는가? 그 어색함과 새로움, 흥분되고 뭔가를 깨달은 듯한 감각, 그 경험에 녹아든 풍부한 감정을 기억하는가?

지금 당신이 호흡하고 있다는 사실을 인식하는가? 당신은 지금 당연히 숨을 쉬고 있다. 우리는 태어나는 순간부터 호흡해 왔다. 하지만 지금 이 호흡이 새롭고, 예전에 한 번도 한 적이 없으며, 다시는 하지 못할 수도 있다고 생각해봤는가? 우리는 이런 현실을 쉽게 잊거나 당연하게 받아들인다. 당장 처리하고 고려해야 할 중요한 일들이 현실에는 훨씬 많기 때문이다. 하지만 지금 잠시 멈춰보자. 그리고 이 호흡과 그다음 호흡에 호기심을 품어보자. 자전거 타기나 자동차 운전, 새로운 소프트웨어 배우기, 키스 등 다른 모든 일도 마찬가지다. 모든 일에는 처음이 있지만, 모든 경험은 그것을 경험하는 순간마다 제각기 다르고 고유하다. 앞으로도 늘 그럴 것이다.

하지만 일반적으로 우리가 경험하는 방식은 그렇지 않다. 우리는 무엇인가를 몇 번이나 수십 번, 수천 번 하고 나면 그것에 익숙해진다. 익숙해지고 나면 예전만큼 관심을 기울이지 않는다. 우리는 많은 것에 관심을 끊었다. 수많은 것에 완전히 관심을 끊었다. 호흡처럼, 걷기처럼. 우리가 아기일 때 어떤 장소로 가기 위해서 걷기라는 대단한 행위를 했다. 아기가 걸으려고 고군분투하는 모습을 지켜보면 이런 영감을 자극하는 부분이 있다. 아기는 일어서서 걸음을 한 번 내디디고, 균형을 잡으려고 버틴다. 그 과정을 반복적으로 실험하면서 끝없이 넘어지며 실패한다. 그것은 걷기라는 행위를 통합하는 과정이다. 그러다 걷기 전문가가 되어 고통이나 어려움 없이 걷게 되면 우리는 걷는 행위에 거의, 혹은 아예 관심을 끊는다.

나는 최근 고관절 치환 수술을 두 번 받았다(그렇다. 나는 인조 인간이다). 그렇기 때문에 나는 고통 없이 걷는 것을 당연하게 여기지 않는다. 거의 항상 그렇다. 가끔 잊을 때가 있다면 누군가와 걸으면서 대화하거나 다른 활동에 집중할 때 정도가 그렇다. 그렇지 않을 때는 멈춰서 기억한다. '예전엔 참 괴로웠어. 멀리 걷지도 못할 만큼 힘들었지.' 이렇게 인식하는 순간, 감사해진다. 티타늄 고관절이 내 몸속에 두 개가 들어 있다니, 놀라운 일이다. 의학 기술의 발전을 이루고 이런 장치를 개발한 연구자 및 과학자들에게 감사하다. 또한 나를 수술해준 의사, 수술이 끝나고 나를 돌봐준 아내와 가족에게도 감사하다.

물론 수술 후 나는 다시 걷게 됐고, 이후 그것의 고마움을 잊어버렸다. 인간은 망각하는 성향이 있다. 쉽게 할 수 있거나 자주 반복하는 일은 무엇이든 흥미를 잃는다. 기술이 쌓이고 특

전문가가 되려고 하지 마라

정한 일을 반복하다 보면 이런 활동을 당연하게 생각한다. 이런 성향에는 이점도 있다. 호흡이나 걷기, 생각하기, 말하기, 보기를 할 때 깊이 고민할 필요는 없다. 이런 익숙한 활동은 의식적으로 관심을 가질 필요가 없고, 자동으로 흘러가기 마련이다.

그러나 안타깝게도 이런 습관화나 전문성에 대한 집착, 어떤 일을 당연하게 받아들이는 성향은 우리가 자신이나 관계, 세상을 생각할 때도 적용된다. 우리가 하는 일이 대부분 자동으로 일어나는 것처럼 느껴지기도 한다. 삶의 어떤 영역도 여기서 자유롭지 않다. '전문가가 되려고 하지 마라' 수련은 우리의 감각과 매 순간이 얼마나 생생하고 풍부한지 볼 수 없게 방해하는 습관화의 필터를 줄이는 행위다.

마음챙김 실천하기

오른손을 들고 손바닥을 마주 본다. 잠시만 바라보면서 손바닥의 존재를 인식한다. 그것에 특정한 이름을 붙이거나 가치판단을 동원하지 않고 그저 볼 수 있는지 시험한다. 이 연습을 잘해내고자 하는 성취 위주의 태도를 바꾼다. 결과를 추구하거나 잡으려 하지 않는다. 자, 이제 당신은 무엇을 보고 느끼는가? 이

손은 당신인가, 혹은 당신의 일부일 뿐인가? 당신은 이 손을 만들지 않았다. 손은 어떤 인공물보다 복잡한 존재다. 이제 손가락을 움직여보자. 이 작은 근육은 20만 개 이상의 뉴런에 의해 움직인다. 그것들의 이름을 떠올리지 말고 각 부위의 형태를 인식한다. 피부의 선을 느낀다. 그러면서 자신이 호흡한다는 사실을 떠올린다. 생각하는 정신이 자기주장을 하지는 않는지, 한다면 언제 하는지 인식한다. 비판적이거나(내 손가락이 이렇게 뚱뚱한지 몰랐어!) 자기의식적인(내가 왜 이 이상한 연습을 하고 있지?) 생각 따위가 여기 해당한다. 다시 손에 집중하면서 적당하다고 느껴지는 수준보다 몇 분 더 이 실험을 지속한다. 이번에는 또 무엇을 인식했는가? 생각이나 호흡을 떠올렸는가? 손에 대해서 무엇을 인식했는가? 이렇게 시간을 내서 자신의 몸을 알아본 적이 있는가?

이와 같이 남은 하루나 일주일 동안, 혹은 언제든 시간이 날 때마다 모든 것을 새로운 눈으로 바라보는 수련을 해보자. 자신과 함께 살거나 함께 일하는 사람, 세상을 새로운 눈으로 바라본다. 뒤로 물러서서 이미 알고 있는 것으로부터 해방되어보자. 당신 안에 피어오르는 경이로움과 호기심을 인식하고 거기에 귀를 기울인다.

걷기 명상 수련 역시 이를 경험할 수 있는 훌륭한 방법이다. 아이가 처음 걸음마를 배울 때처럼 걷기라는 행위를 탐색하고 그것이 얼마나 큰 기적인지 감사하는 마음을 갖자. 언제든 생각날 때마다 마음챙김을 걷기에 적용하고 당신의 내면에서 어떤 일이 벌어지는지 관찰한다.

언제 이곳에 존재할 것인가? 잡념 줄이기

심리학 연구에 따르면 우리가 하는 행동의 10퍼센트는 의식적으로 일어나고 90퍼센트는 무의식적으로 일어난다.[1] 즉, 생각과 느낌, 판단, 행동은 무의식적 활동에 따라 이뤄진다. 이런 자동화 과정은 신경에 기반을 둔다고 한다.[2] 뇌에서 가장 오래되고 원시적인 부위인 기저핵은 반복하는 의식적 행동을 습관으로 변형시킨다.

이런 자동화 과정은 우리가 깊이 있고 자유롭게 생각하도록 유도하지는 않는다. 또 다른 연구에서는 대부분의 사람이 하루의 47퍼센트에 달하는 시간 동안 잡념, 즉 할 일에 집중하지 않는 현상을 경험한다고 한다. 매사추세츠 의과대학 연구소장인 저스틴 브루어Justin Brewer의 과학 논문 초록을 요약해 소개한다.

> 우리의 내정 상태는 하는 일에 집중하기보다는 잡념에 빠지는 것이다. 잡념은 뇌에서 불행을 느끼는 부위와 상관관계를 갖고 있다. 이 부위는 마음챙김 명상을 통해 불활성화되는 것으로 밝혀졌다. 명상 경험이 풍부한 사람의 뇌를 측정한 결과, 인식과 인지 제어에 더 능숙한 것으로 나타났다.[3]

이 책의 비유를 동원하여 이렇게 설명할 수도 있다. 불안한 유인원은 행복한 유인원이 아니다. 상상력이 풍부한 유인원이나 공감하는 유인원도 마찬가지다. 우리의 정신은 끊임없이 불확실성과 불안, '만약'에 집중하며 똑같은 습관적 일상에서 방황한다. 과거와 미래를 오가면서 오래된 상처와 갈등을 곱씹고 미래에 위험이 찾아올 것이라고 예상한다. 현재에 집중하는 것은 자신을 방어하려는 목적이 있을 때뿐이다.

하지만 마음챙김 명상으로 변화할 수 있다. 집중되고 제약 없는 의식을 수련하여 습관적인 생각과 부정적 잡념을 내려놓는 법을 배울 수 있다. 어떻게 보면 제약 없는 의식은 일종의 긍

전문가가 되려고 하지 마라

정적인 잡념이다. 물론 나는 누구나 가끔 이런 경험을 한다고 생각한다. 자연 속에서 거닐거나 샤워를 할 때를 떠올려보자. 특정한 문제를 해결하려는 목적 없이도 문득 새로운 통찰력이 떠오르는 순간을 경험해봤을 것이다. 이런 긍정적인 잡념은 걱정이나 되새김, 할 일들, 시간과 장소에 대한 걱정에서 자유롭다. 이런 순간에 우리는 세상과 자신을 새로운 눈으로 본다.

마음챙김 실천하기

모든 이의 정신은 가끔 방황한다. 탐색하고, 호기심을 품고, 내 안에 피어오르는 잡념을 인식해보자. 잡념이 떠오르는 것을 느꼈다면 그것을 비판하려고 하지 말고 거기에 집중한다. 매일 단 몇 분이라도 스스로에게 질문한다. 지금 하는 일에 집중하고 인식하는가? 내 의식을 자각하며 열고 있는가? 과거를 곱씹거나 미래를 걱정하는가? 그저 자신의 상태를 인식해보자.

먼저 경험하고, 나중에 이야기한다

노벨상을 수상한 경제학자이자 심리학 교수인 대니얼 카너먼Daniel Kahneman은 인간에게는 뚜렷이 구분되는 두 가지 자아가 있다고 설명했다. '경험하는 자아experiencing self'와 '서술하는 자아narrative self'다. 경험하는 자아는 현재와 감각의 세상을 산다. 서술하는 자아는 경험에 합당한 이야기를 창조한다. 전문가가 되는 것은 이야기를 창조하는 것에 해당한다. 자신의 전문성을 활용하고 내보이고 확신하는 데 집중하면 지금 실제로 일어나는 일에는 덜 집중하게 된다.

카너먼은 이 두 가지 자아를 명확히 구분하고, 그 사이에서 발생하는 갈등을 설명하기 위해 다양하고 흥미로운 실험을 진행했다. 특히 우리가 시간을 어떻게 인식하는지, 그의 표현에 따르면 '경험이나 사건의 절정과 끝'에 따라 기억하는 자아가 어떤 영향을 받는지 밝히고자 했다. 예를 들어 휴가에 대한 기억은 긍정적이거나 부정적인 절정, 마지막 경험이 강렬하게 두드러지면서 착색된다. 카너먼은《생각에 대한 생각》에 이렇게 썼다.

경험하는 자아는 삶을 살아가고, 기억하는 자아remember self

는 점수를 매기고 선택한다. (…) 하지만 기억하는 자아의 관점이 항상 옳지는 않다는 사실을 잊으면 안 된다. (…) 기억하는 자아는 기간을 무시하고 절정과 끝을 지나치게 강조하며, 뒤늦은 깨달음에 민감하다. 이 특성이 합쳐져서 실제 경험에 대한 왜곡된 상을 형성한다.[4]

기억과 이야기는 감각과 경험을 처리하여 소위 자아―정체성, 가치, 욕구―가 합당하다고 여기는 서사를 엮은 다음, 관계와 일, 삶이라는 맥락 안에 집어넣는다. 상상력이 풍부한 유인원이 하는 일이다.

문제는 카너먼이 지적했듯이 이 이야기가 부정확할 때가 많다는 것이다. 개인적 관점이 제한되어 전체 그림을 보지 못할 뿐만 아니라 자기 경험과 기억에 대한 관점도 왜곡됐을 경우가 많다. 우리는 당연히 경험에서 중요한 특정 측면만 선택하여 이야기를 만들어낸다. 달리 말하면 스스로 자아나 자기 역사, 정체성에 관해 전문가라고 가정하지만, 카너먼은 그 주장도 의심해 봐야 한다고 단언한다.

마음챙김 실천하기

경험하는 자아와 서술하는 자아의 차이를 관찰한다. 놀이하듯이 순수한 경험을 인식해보자. 언제든 무엇을 보고 듣고 냄새 맡고 맛보고 만지는지 인식한다. 그다음에는 자신이 무엇을 중요하다고 기억하는지, 자신과 타인, 세상에 합당한 것 같은 이야기를 어떻게 창조했는지 생각해본다. 경험을 바탕으로 이야기를 창조하고, 이 이야기에서 무엇을 경험하는지 인식한다. 그 결과, 무엇을 배울 수 있을까?

○

열린 귀로 경청하기: 관계 전문가가 되려고 하지 마라

마음챙김 리더에게 전문가가 되지 않는 수련은 특히 관계에서 유용하다. 나는 로널드 데이비드 랭Ronald David Laing이 쓴《경험의 정치The Politics of Experience》의 서두를 좋아한다.

나는 당신의 경험을 경험할 수 없다.
당신은 나의 경험을 경험할 수 없다.

따라서 우리는 서로에게 보이지 않는다.[5]

'보이지 않는다'는 강렬한 표현이다. 우리는 공감하는 유인원으로서 느낌을 감지하고 공유하며 전달할 수 있다고 믿는다. 하지만 인간은 독심술사가 아니다. 나는 다른 사람의 경험을 안다고 가정하면 안 된다는 것을 랭에게 배웠다. 우리의 관점은 제한되어 있으며 틀릴 때가 많다. 그러므로 타인을 이해하려면 주의를 기울이고 호기심을 키우는 수련이 필요하다. 보통 타인과 친숙해질수록 그들을 '안다'고 가정하기 쉽다. 스스로 '관계 전문가'라고 믿는 위험이 발생하는 것이다.

안다고 가정하지 않는 초심자의 정신을 수련하면 이해와 신뢰를 형성할 수 있다. 특히 타인과 의견이 충돌하거나 갈등할 때는 더 그렇다. 경청은 신뢰와 유대를 창조하는 핵심 기술이다.

첫 번째 수련('일을 사랑하라')에서 나는 리더가 '할 일' 세 가지 중 하나가 경청이라고 언급했다. 그리고 두 번째 수련('일을 하라')에서는 네 가지 수준의 듣기를 소개했다. 당신은 어떻게 듣고 있는가? 이는 타인과 대화할 때마다 떠올려야 할 핵심 질문이다. 발견하고, 배우고, 자기 세상을 확장하려고 듣는가? 자신의 욕구와 두려움이라는 필터를 거쳐 이득을 얻으려고 듣는가? 혹은 전문가가 되려는 욕구가 반영된 이야기를 확인하려고 듣는가?

대화할 때 비판이나 기대를 배제하고 초심자의 정신으로 들어보자. 이는 앞에서 언급한 생성형 듣기와 비슷하다. 상대가 말하는 내용에 기꺼이 놀랄 마음을 먹는 것이다. 우리는 평생 남의 말을 들어왔다. 하지만 상대가 말하고 느끼고 의미하는 것을 진정으로 들은 적이 있는가? 보이지 않는 것을 배우려고 하는가?

내가 '필터'라고 생각하는 존재는 우리의 귀를 틀어막고 들은 내용이나 상대의 의도에 대한 이해를 왜곡시킨다. 이 필터는 세 유인원과 관련이 있다. 불안한 유인원은 두려움이나 위협을 인지한다. 상상력이 풍부한 유인원은 전문성과 리더십, 우선순위, 목표, 성취에 대한 이야기를 창조한다. 공감하는 유인원은 타인에 대한 감각과 느낌, 판단을 기반으로 가정과 잘못된 신념을 형성한다.

관계 전문가가 되지 않으려면 이 필터를 인식해야 한다. 타인의 경험을 보고 듣는 것을 방해하는 태도나 이야기, 두려움, 욕망은 무엇인가? 무슨 일이 일어나든 호기심과 따뜻한 마음을 품고 현재에 충실하도록 수련해야 한다. 이 필터의 본질은 우리가 필터를 인식하지 못하는 데 있다. 타인이나 세상은 특정한 방식으로 나타나는데, 누군가가 내 필터를 지적하기 전까지 우리는 자신의 눈에 보이는 것이 현실이라고 생각하기 마련이다. 그렇다면 선택해야 한다. 필터를 제거하고 다시 보고 들을 것인

전문가가 되려고 하지 마라

가? 자신의 생각과 전문성, 필연이 합치하지 않는다면서 타인이나 환경, 세상을 비난하는 다른 필터를 만들어낼 것인가?

필터를 인식하고 더 잘 들으려면 타인의 감정을 인식하는 수련이 필요하다. 우리는 자기 감정에 집중하고 반응하는 경향이 있지만, 판단을 보류하고 열린 마음으로 타인의 감정을 살피면 뜻밖의 해결책이 따라온다. 일상생활에서 사람들이 얼마나 행복한지 호기심을 가져보자. 그저 인식하고 귀를 기울여보자.

마음챙김 실천하기

시험 삼아 당신의 일터나 집에서 잘 아는 사이이고 꾸준히 만나는 사람을 세 명 선택한 다음, 그 사람의 행복 점수를 1부터 10까지 매겨본다. 10은 '아주 행복하다'이고 1은 '아주 불행하다'이다. 무엇을 기반으로 어떻게 점수를 매길지 고려해보자. 그들이 실제로 보여주는 말과 몸짓을 기준으로 삼을 것인가? 혹은 그들이 느끼고 있다고 당신이 생각한 것을 기준으로 할 것인가? 이러한 자기 판단을 인식할 수 있는지 들여다본다. 그리고 앞으로 며칠 동안 그 세 사람이 실제로 어떻게 행동하고 말하는지 관찰해보자. 이로부터 무엇을 배웠는가?

°

도쿄에서의 실패와 성공

삶의 많은 영역이 그렇듯 이런 수련법을 다른 사람에게 코
치하고 가르치기는 쉽다. 그러나 이 가르침을 삶에 실제로 적용
하기란 훨씬 어렵다. 이와 관련하여 내가 시험을 당했던 일화를
소개해볼까 한다.

경영자 코칭과 리더십 컨설팅 업무를 처음 시작할 무렵, 나
는 이 분야에 경험이 풍부한 편은 아니었지만 상당히 자신이 있
었다. 그러던 어느 날 전화가 걸려왔다. 전 세계적으로 유명한
최고경영자 여덟 명과 그들의 배우자를 대상으로 사흘짜리 수
련회를 진행해달라는 요청 전화였다.

나는 기대가 되는 한편, 걱정도 되는 마음으로 요청을 승낙
했다. 그전까지 이런 일을 해본 적이 없었기 때문에 약간 불안했
지만, 처음으로 해외(일본)에 가서 마음챙김 리더십 수련회를 진
행해본다는 것이 내심 기대됐다.

수련회를 시작하기 몇 주 전, 주최자 역할을 맡은 한 분과
여러 차례 기획 회의를 했다. 그는 참가자들이 선 스타일의 수련
회를 경험하고 싶어 한다고 했다. 그들은 명상과 마음챙김 수련
회가 토론 방식으로 진행될 것이라고 예상했지만, 나는 사흘간

전문가가 되려고 하지 마라

주로 명상을 하면서 침묵 위주로 진행할 예정이었다.

여덟 쌍의 커플 열여섯 명은 대부분 50대 후반에서 60대 중반이었고 미국과 호주, 남미, 유럽 등 출신지가 다양했다. 남자들은 모두 중견 기업의 최고경영자였고 다수가 은퇴를 앞두고 있었다. 이들은 지난 몇 년간 1년에 한두 번씩 세계 여러 도시에서 모임을 가지며, 수련으로 일정을 시작해서 이후에는 그 도시에서 관광을 했다.

수련회 첫날은 잘 진행됐다고 생각했다. 우리는 아침과 오후에 20분씩 두 차례 명상했다. 나는 경청과 일기 쓰기 수련을 준비했다. 내가 몇 가지 화두를 던지면 참가자들이 자유롭게 글을 써보는 형식이었다. 대부분 침묵하면서 하루를 보냈다. 하루가 끝날 무렵 주최자에게 확인해보니, 시작이 좋다는 피드백을 건넸다.

둘째 날에는 짤막한 명상으로 하루를 시작한 후, 탁자에 앉아 돌아가면서 각자 어떤 느낌인지 한마디로 말해보라고 했다. 첫 번째 참가자가 말했다. "지루합니다." 다음 사람이 말했다. "호기심이 생겨요." 이윽고 긍정적이거나 중립적인 단어가 간간이 섞이기도 했지만, 대체로 "피곤합니다", "기분이 안 좋아요", "불만족스러워요" 등 부정적인 말들이 이어졌다.

나는 망연자실했다. 내가 어떻게 생각했든 이 수련회는 참가자들에게 효과가 없었다. 당황스럽고 수치스러웠다. 실패했다는 느낌이었다. 도쿄까지 왔는데 내가 처음으로 진행했던 마음챙김 수련회에 참가한 사람들은 행복하지 않았던 것이다. 나는 긴 나무 탁자의 상석에 서 있었고, 수련회 참가자들은 나를 바라보며 이제 어떻게 될 것인지 궁금해했다. 그때 나는 그 자리에서 사라지거나 도망가거나 울고 싶었다.

나는 몇 번 심호흡을 한 뒤, 지금 드는 기분과 긴장된 턱, 가슴을 인식했다. 가장 훌륭하고 높은 자아가 나설 시점이었다. 내 내면으로 깊이 파고드는 한편 평정과 호기심, 초심자의 정신을 최대한 끌어모아야 했다. 나는 모두를 바라보며 말했다.

"틀림없이 무엇인가 잘못되고 있군요. 죄송합니다. 저는 궁금하고 흥미로워요. 무엇이 잘못됐는지, 그보다 더 중요하게는 이렇게 함께하는 시간에 여러분이 각자 무엇을 하고자 원하는지 알고 싶습니다. 앞으로 이틀이나 더 남았어요. 남은 시간 동안 무엇을 해야 여러분에게 이 시간이 가장 유용할까요? 원형으로 돌아가면서 모두의 의견을 들어보겠습니다."

여덟 쌍의 커플은 자기 삶에서 이 변화의 시간을 놀라울 정도로 간절히 탐색하고 싶어 했다. 그들은 모두 일과 개인적 삶에서 중요한 변화의 한가운데에 있었다. 참가자들 중 많은 이들이 이제는 자녀와 같이 살지 않았다. 그들은 은퇴와 삶의 다음 단계

전문가가 되려고 하지 마라

에 관해 두려움과 기대가 뒤섞인 감정을 표현했다. 그리고 파트너 및 참가자들과 함께 그 문제를 탐색하고 싶어 했다.

나는 당시에 내가 설정한 주제에 갇히거나 내가 마음챙김 수련의 권위자 혹은 전문가라는 역할을 고집할 수도 있었다. 하지만 그랬다면 결코 좋은 결과는 없었을 것이다. 나는 그때 그렇게 행동하기보다는 투명한 자세로 현재에 충실하며, 호기심을 품고, 이 상황에서 실제로 무슨 일이 벌어지고 있는지 인식하고, 무엇이 필요한지 마음을 열고 배워야 한다고 생각했다. 나의 가정과 욕구, 두려움, 계획을 모두 내려놓고 참가자의 말을 경청해야 했다.

나는 수련회의 초점을 전환했다. 참가자들이 한 개인으로서, 그리고 커플로서 인생의 다음 장을 어떻게 맞이할지 탐색하는 시간을 갖기로 했다. 참가자들은 세 그룹으로 나뉘어 두려움과 열망에 관해 이야기를 나눴다. 그다음에는 커플별로 분리한 공간에서 각자 이 질문에 대답했다. "어떻게 하면 당신을 더 잘 사랑할 수 있는지 말해주세요." 참가자들은 상당한 감정을 표현하고 눈물을 흘리기도 했다. 이제 수련회는 그들의 욕구와 훨씬 더 가지런히 정렬됐다. 사흘째 되던 날, 수련회를 마무리하며 모두가 모였을 때 나는 다시 탁자에 앉아 돌아가면서 지금의 느낌을 한 단어로 표현해보자고 했다. 사람들이 말했다. "놀라워요."

"평온합니다." "공동체." "희망적이에요."

1971년 람 다스Ram Dass가 쓴 책《지금 여기에 머물라Be Here Now》가 출간됐을 때 나는 열아홉 살이었다. 이 책은 내게 커다란 영향을 미쳤다. 이 책을 통해 나는 나 자신과 세상을 바라보는 관습적 관점을 넘어서서 의미 있는 삶을 찾아낼 가능성을 발견할 수 있었다. 나는 람 다스가 '가장 정교한 모순'이라고 표현한 구절을 통해 전문가가 되지 않으려는 자세와 초심자의 정신을 배웠다. 모든 것을 포기하면, 모두 얻을 수 있다. 이미 알고 있다는 생각을 버릴 때, 더 많은 가능성이 생긴다.

이 수련은 그저 판단하지 않고 듣고, 반응하지 않고 대응하며, 사람과 상황에 맞닥뜨릴 때마다 배우려는 진심 어린 노력을 하는 것이다.

전문가가 되려고 하지 마라

'전문가가 되려고 하지 마라'

핵심 수련법

- '초심자의 정신'을 받아들인다. 가정이나 예상, 판단을 하지 않고 본다.

- 실패를 수용한다. 계획하거나 기대한 대로 일이 되지 않을 때 "나는 실패했다!"를 외치며 마음을 수련한다.

- 나의 손 바라보기나 걷기 따위 같은 행위를 처음 행하는 것처럼 수련한다.

- 내 안의 잡념과 되새기는 생각을 인식한다.

- 내 안의 필터를 인식한다. 어떤 이야기가 경청을 방해하는가?

- 다른 이의 감정이나 생각을 안다고 가정하지 않는다. '보이지 않는 것'을 듣는 법을 배운다.

04

자신의 고통과 교감하라

고통 없이는 의식의 차원으로 넘어갈 수 없다.
_칼 융*Carl Jung*

내가 내면 검색 리더십 연구소의 최고경영자였을 때 위스콘신 주 매디슨에서 열렸던 달라이 라마의 연설을 앞두고 과학자와 리더, 교사들이 모인 만찬에 초대를 받았다. 그리고 그날 운 좋게도 《최고는 무엇이 다른가》의 저자이자 하버드 경영대학원 교수 빌 조지Bill George의 옆자리에 앉게 됐다. 저녁을 먹으며 대화를 나누는 동안 그는 '포춘 글로벌 500(미국 경제전문지인 《포춘》이 매년 발표하는, 매출액 기준 미국 최대 기업 500개)'의 수많은 최고경영자 및 고위 경영자와 일하면서 겪은 놀라운 경험을 말해줬다. 그는 좋은 리더를 넘어 위대한 리더가 되려면 자신의 고통과 취약성,

겸허함, 심지어 수치심에 이르기까지 깊은 감각을 느껴야 한다는 것을 깨달았다고 했다. 이는 단순하게 말하자면 인간으로서의 고통을 인정하거나, 혹은 다른 사람을 절망에 빠뜨리고서 그런 일이 없었던 양 덮어버림으로 인해 느끼는 고통을 인정하는 행위일 수 있다. 힘들고 불완전했던 어린 시절, 실패한 관계, 충격적인 사건으로 인한 고통을 말하기도 한다.

리더들은 이런 고통을 계기로 자기 안에 갇혀 있던 에너지와 느낌을 해방하여 얼마나 더 많은 일을 할 수 있는지 알아차리고, 한층 진정성 있고 배려하는 리더가 될 수 있다.

마음챙김 수련은 이런 일을 가능하게 하고, 그렇게 될 수 있는 기회를 제공한다. 마음챙김은 현재 상태를 인식하고, 응시하며 바라보고, 귀를 기울인다는 뜻이다. 그것은 우리가 원하는 것을 움켜쥔다거나 원하지 않는 것을 밀어낸다는 의미가 아니다. 둘 다 피하기 쉽지 않지만, 특히 고통을 직접 보고 느끼며 소유하고, 받아들이고, 변화시키는 것은 더 어렵다. 하지만 빌 조지가 말했듯이 이 수련은 좋음에서 위대함으로 가는 길이 된다. 우리의 마음이 얼마나 넓은지 드러내기 때문이다. 이런 마음은 일반적인 생각보다 훨씬 넓다. 고통을 받아들이면 공통된 인간성과 모든 삶에 자신을 연결하게 되고, 보다 더 강해지며, 듣고 행동하는 능력을 개선할 수 있다.

고통이 깊숙이 느껴지도록 허락하면 역설적으로 자신이 존재하는 이 공간이 가득 차 있다는 사실을 깨닫는다. 자신과 타인의 깊은 유대, 일반적으로 생각하는 정신을 벗어난 희망과 의미가 이곳에 가득하다.

사실 이 수련에서 고통이 항상 정확한 단어라고 할 수는 없다. 때로는 공허가 더 정확할 것이다. 인간의 상태를 규정하는 공허와 슬픔, 부족한 통제력과 교감하자. 이런 보편적인 고통은 근본적인 고독, 변화, 변화에 대한 회피나 저항의 괴로움으로 경험된다. 원하는 것을 얻지 못하는 고통, 원하지 않는 것을 얻는 고통일 수도 있다. 자기 삶을 통제하지 못해서, 늙고 병들어서 고통스럽기도 하다. 자녀나 가족, 친구를 보호하고 싶어서 고통스러울 수도 있다. 타인을 슬픔이나 변화, 상실, 심지어 나로부터 보호할 수 없다는 사실을 아는 데에서 우리는 고통을 느낀다. 불공정과 빈곤, 학대, 폭력을 목격하거나 무언가를 읽거나 들으면서 고통스럽기도 하다. 마지막으로 모든 것과 모든 이를 잃으리라는 것을 아는 데에서 고통이 찾아온다. 우리가 아는 사람들은 모두 죽을 것이다. 우리는 언젠가 죽는다.

내가 제안하는 네 번째 수련인 '자신의 고통과 교감하라'는 바로 이런 의미다.

하지만 빌 조지는 함께 일했던 리더들로부터 놀라운 사실을 발견했다. 고통스럽고 불편해 보이는 것들이 삶에서 가장 중요한 진리를 쥐고 있을 때가 많다. 불편함을 똑바로 마주하고 느끼며 교감할 때, 우리는 삶에서 꼭 배워야 할 의미 깊은 것을 경험할 수 있다. 나는 고통을 바라보고 교감함으로써 리더십에서든 삶의 영역에서든 그것들에서 무엇이 제일 중요한지 알아차렸다. 이것이 네 번째 수련의 이점이며, 내가 이 수련을 통해 반복해서 확인했던 사실이다.

°

네 가지 거룩한 진실

자신의 고통과 교감하라는 가르침은 2,500년도 전에 붓다가 설파한 가장 중요한 첫 번째 가르침이다. 네 가지 진리를 뜻하는 '사성제Four Noble Truth'[1] 가운데 첫 번째이기도 하다. 붓다는 첫 번째 진리에서 세상에서 피할 수 없는 명백한 사실을 선언한다. 불편함과 아픔, 늙음, 죽음은 운이 좋다면 모든 존재를 찾아온다. 영원히 지속하는 것은 시간과 변화, 무상뿐이다. 다른 모

---

1) 불교에서 말하는 영원히 변하지 않는 네 가지 진리. 고제(苦諦), 집제(集諦), 멸제(滅諦), 도제(道諦)가 있다.

든 것은 끝을 맞이한다. 붓다가 이야기한 삶의 첫 번째 진실은 인간이 되기가 진정 힘들다는 것이었다.

그다음에 이어지는 두 가지 진리는 조금 뜻밖이다. 그는 두 번째 진리에서 불편함이나 고통이 무상과 공허를 비롯한 특정 상황 때문에 발생하지 않는다고 말한다. 그에 따르면 고통은 불편함을 피하려다가 발생한다. 세 번째 거룩한 진실에서는 불편함을 소유하고, 교감하고, 변화시켜야 불편함으로부터 자유로워질 수 있다고 말한다. 변화와 고통에 능숙하게 교감해야 하며 이때 고통의 원인은 자유와 만족, 행복의 원천이 된다.

마지막으로 네 번째 진리에서 붓다는 이를 실현하기 위한 길을 소개한다. 우리는 사고, 마음챙김, 담화, 행동, 활기, 명상 등을 수련함으로써 우리 삶의 모든 영역을 더욱더 명확히 볼 수 있다.

이 책에서 제시하는 네 번째 수련인 '자신의 고통과 교감하라'는 메시지에는 근본적으로 붓다가 말했던 세 가지 진리가 포함된다. 무엇이 아픈지 인정하고 수용하고, 이것을 지침으로 삼아 무엇이 가장 중요하며 어떤 행동이 가장 나은지 알아내야 한다.

나는 내가 이런 수련을 해온 덕분에 선원 식당에서 일했던 경험이 내게 강렬하게 와닿았고, 지금도 당시의 경험으로부터 리더십에 관한 교훈을 가져올 수 있다고 생각한다. 선을 수련하기로 선택한 사람은 자기 삶에서 대단히 고통스러운 무엇인가를 놓쳤다는 사실을 숨기지 않는다. 나는 당시 식당에서 사람들과 함께 일하면서 이 고통에 대한 감각이 뚜렷이 드러난다는 사실을 발견했다. 선원 식당에서의 일은 내게 매우 벅차고 힘들었지만, 자애와 교감을 통해 나는 그때 내가 느꼈던 고통을 인정하면서 치유됨을 경험했다. 그리고 그것은 나의 성품을 갈고닦는 남다른 결과로 이어졌다.

고통의 이로움: 문제에 대한 경각심을 일으킨다

감정적 불편함을 인정하고 교감하는 수련은 상당히 괴상해 보이는 한편, 직관에 반대될 수 있다. 세상에 불편해지고 싶은 사람이 누가 있겠는가? 나도 마찬가지다. 나는 육체적 고통이나 감정적 고통을 좋아하지 않는다. 피를 볼 때뿐만 아니라 피를 뽑는다는 생각만 해도 곧잘 기절한다. 몇 년 전에 새 주치의를 만나러 갔을 때 문진표를 작성하면서 주사와 바늘에 어떻게 반응하느냐는 질문을 받았다. 나는 대답하기 전부터 머리가 약간 어지러워졌다.

불안한 유인원의 후손인 우리는 존재를 위협하는 모든 것에 직면할 때 압도되는 느낌을 받는다. 우리의 느낌과 감정적 삶은 취약한 데다 끊임없이 변화하고, 우리의 통제를 벗어난다. 살면서 얼마나 운이 좋든, 얼마나 오래 살든, 세상은 우리를 꾸준히 깎아먹는다. 가족과 친구가 세상을 떠나고, 시력이 나빠지고, 기억력이 감퇴하고, 예전처럼 달리지 못한다. 회사가 망하거나 직장을 잃고, 타인이 우리에게 실망하며, 내야 할 세금 고지서는 너무 많아지고, 일이 잘못되는 등 수없이 많은 일이 일어난다.

어느 누가 그런 상황을 맞닥뜨리고 싶겠는가? 하지만 상황은 악화하기 마련이다. 우리 내면에는 비평가와 걱정꾸러기가 존재한다. 욕망하는 것을 얻지 못하거나 정확히 원하지 않던 것을 얻고 우리는 고통받는다. 목표를 달성하지 못하면 속으로 자책한다. 우리는 우울과 죄책감, 원망을 비롯한 온갖 정신적·감정적 어려움을 경험한다. 일상생활에서 끝없이 극적인 사건이 벌어지면서 스트레스를 받는다.

이럴 때 문화와 사회는 도움이 되지 않는다. 오늘날 엔터테인먼트 산업과 의료 산업은 근본적으로 불편함을 없애주거나 원인을 고쳐주기보다는 즉각적으로 증상을 다루는 데에만 집중하는 듯하다. 우리는 감정적이거나 육체적인 신호가 보이자마

　　　　　　　　　　　　자신의 고통과 교감하라

자 주의를 딴 데로 돌리거나 약을 먹는다. 이 책의 프롤로그에서 무감각과 외면은 어릴 적 내가 불편할 때 주로 보였던 반응이었고, 내가 아는 모든 이도 그렇게 반응한다고 설명한 바 있다.

그러나 이것은 잘못됐다. 무감각해지거나 잠드는 것은 고통을 느끼지 않는다는 환상을 일으킬 뿐이다. 우리는 여전히 고통을 느끼며, 고통을 꼭 느껴야 할 이유도 있다. 고통은 도움이 되기 때문이다.

사실 고통은 아주 유연하다. 필연적으로 고통이 찾아올 때 절망하기보다는 환영하는 것이 좋다. 고통은 문제를 찾는 데 도움이 된다. 고통은 우리를 해치는 존재를 간과하지 않게 해준다. 우리는 물리적 고통을 직관적으로 이해하지만, 감정적 고통이나 존재의 위기에는 둔하다.

인간의 몸은 놀라울 만큼 연약하다. 질병에 걸리기 쉬우며 쉽게 다친다. 흔한 감기나 치통, 가벼운 허리 통증만으로도 며칠간 비참한 기분이 든다. 세계보건기구에 따르면 현대 의학으로 확인된 질병은 약 3만 종에 달하며 그중 75퍼센트는 치료법이 알려지지 않았다.

하지만 우리는 감기나 질병, 부상의 조짐이 보이자마자 보통 조언을 구하거나 치료하려고 든다. 고통이 특별히 심하거나 증상이 심각하면, 예를 들어 발을 헛디뎌서 발목이 체중을 버티지 못하는 경우 모든 활동을 멈춘다. 이때 원인을 찾아내고 적절히 치료하지 못하면 정상적으로 살 수 없다. 고통을 치료하지 않고 몇 주나 몇 달, 몇 년간 내버려둔 채 절뚝거리고 다니면서 모두에게 괜찮다며 별일 아니라고 말하면, 더는 치료하지 못할 때까지 혹은 평생 장애가 생길 때까지 증상은 더욱 악화할 뿐이다.

감정적 고통도 이런 식으로 치료하면 어떨까?

ㅇ

외면하지 않기: 고통에 대해 명상하라

자유와 행복은 불편함을 수용하는 데 달렸다고 한 붓다의 말은 무슨 의미일까? 고대 로마제국의 황제 마르쿠스 아우렐리우스Marcus Aurelius는 이렇게 표현했다. "무엇이든 외부 요인으로 고통스럽다면 고통은 그 자체가 아니라 당신의 판단에 달렸다. 당신은 언제든 고통을 없앨 힘을 갖고 있다."[1] 좋은 이야기인데, 그렇다면 불편함을 어떻게 변화시키라는 것일까? 그 답은 고통을 피하지 않고 익숙해지는 데 있다.

어려움과 고통을 전환할 가장 효과적인 방법은 고통에 대한 자신의 느낌과 연상을 조명하고 그에 대한 이해를 높이는 것이다. 가장 감정적이거나 육체적인 고통도 마찬가지다. 철저히

자신의 고통과 교감하라

이해할수록 더 많은 선택과 자유로 이어진다.

오랫동안 관계 코칭을 해온 대형 서비스 회사의 경영자를 얼마 전에 만났다. 그는 아버지가 최근에 돌아가셨다며, 일이 바빠서 고통과 상실감을 느끼지 않아 다행이라고 말했다. 나는 다른 전략을 탐색해보라고 권했다. 시간을 내서 감정을 느끼고, 아버지에 대한 감사한 마음과 그리움을 생각해보라고. 애도할 때 필요하다면 가족이나 친구, 치료사에게 도움을 청하라고도 했다.

감정적 고통을 느낄 때 가장 효과적이고 적절한 반응은 어떠한 고통이든 반기고 수용하며, 불편한 상태에 머무를 때의 저항을 있는 그대로 인식하는 것이다.

명상: 고통을 관찰하라

고통스러운 일을 받아들이기 위한 짧은 명상 방법을 소개한다.

먼저 편안하면서도 각성한 상태로 앉을 수 있는 곳을 찾는다. 부드럽게 자신의 몸에 집중하고 어떻게 앉을지 의식적으로 선택한다. 발을 바닥에 내려놓는다. 손을 어떻게 놓을지 결정한다. 손바닥을 아래로 하거나 위로 해도 좋고, 허벅지나 무릎 위에 올려놓아도 좋다. 평소보다 약간 더 꼿꼿이 앉아서 등과 척추에 에너지를 보내며 등을 살짝 뒤로 젖힌다. 어깨와 턱을 편안히 한다. 억눌러진 곳을 인식하고 약간의 에너지로 편해질 수 있는지 살펴본다.

이제 호흡에 집중한다. 아무것도 바꾸려 하지 말고 그저 인식한다. 각각의 들숨과 날숨을 의식한다. 특히 날숨에 집중하자.

이제 생각하는 정신을 확인한다. 그저 당신 머릿속에 떠오르는 생각을 인식하고 몸이나 호흡에 다시 집중할 수 있는지 살펴본다.

그리고 느낌에 집중한다. 무엇이든 지금의 느낌을 인식하면 된다. 강요하거나 바꾸려 하지 말고, 슬픔, 갈망, 공허 등 어떤 느낌이든 떠오르게 내버려둔다. 감정적으로 불편한 신체 부위는 어디인가?

잠시 후 다시 호흡과 몸에 집중한다. 불편함에 집중했더니 호흡에 어떤 영향을 미쳤는가? 이제 오늘 진행될 일을 생각하면서 이 수련을 관계와 일에 어떻게 통합할지 생각한다.

。

정렬이 어긋났을 때 인식하라

지금 하는 일이 당신이 추구하는 가치와 맞지 않거나 당신

자신의 고통과 교감하라

은 바뀌었는데 삶은 바뀌지 않는 등 삶과 목표의 정렬이 어긋나면 어떤 식으로든 불편해지거나 고통이 발생한다. 정렬이 어긋났다는 사실을 발견했을 때 자신이 삶에 일어난 사건을 어떻게 묘사하는지, 세상을 이해하려고 어떤 이야기를 엮어내는지 인식해보자. 상상력이 풍부한 유인원이 이런 분야의 일에 능숙하다.

당신이 추구하는 가장 심오한 가치, 자신에 대한 가장 깊은 감각과 정렬을 이루는 작업은 정렬이 어긋났음을 인식할 때부터 시작되기 마련이다. 일이나 직장, 커리어에서 단절과 불편함을 느꼈다면 그 감각에 관심을 가져보자. 사소한 방식으로도 정렬이 어긋날 수 있다. 특정 활동이나 결정에 문제가 생기거나 불만족스럽거나, 맞지 않는 순간을 인식하자. 한편 더 심각한 방식으로 정렬이 어긋나기도 한다. 예를 들어 커리어나 중요한 관계가 만족이나 즐거움이 아닌, 꾸준히 불편함을 일으키는 원인이라는 사실을 깨달을 때다.

나는 15년쯤 전 브러시 댄스 사무실에 들어간 순간, 이제 앞으로 나아갈 때가 됐다고 깨달은 날을 기억한다. 그 순간으로부터 약 14년 전에 나는 브러시 댄스 출판사를 설립했었다. 회사는 내가 낳고 키운 아이 같은 존재였다. 특히 차고를 사무실 삼아 운영하던 초기 스타트업 시절은 많은 부침을 겪었던 기나 긴 여정이었다. 그랬던 회사를 지금의 모습으로 성장하도록 그동안 잘 이끌어왔던 것이 대단히 자랑스럽다. 그 무렵 브러시 댄스에서 일하는 직원은 열다섯 명이었고, 수익은 250만 달러였으며, 보더스, 반스앤노블, 아마존, 타겟을 비롯해 전 세계 서점과 선물 가게 수백 군데에 우리 회사가 만든 연하장과 달력, 일기를 공급했다.

그러던 어느 날, 아침 여덟 시에 사무실에 도착하여 내 업무 책상으로 걸어가서 앉으려 하던 순간, 내 안에서 미묘하면서도 확실하고 뚜렷한 목소리가 들렸다.

'내 심장은 여기에 있지 않아. 이제 이곳은 내가 있을 곳이 아니야.'

나는 이 목소리를 듣고 싶지 않았다. 곧바로 마음이 불편해졌고 속상하고 짜증스러웠다. 이 목소리를 듣고 따르게 된다면 모든 것을 바꿔야 했고, 그동안 내가 창조해낸 것들과 생계뿐만 아니라 브러시 댄스의 창립자이자 최고경영자, 창의적 제품 생산자, 환경 보호 활동의 리더, 성공한 기업가라는 나의 정체성을 상당 부분 포기해야 했다. 나는 이 목소리를 무시하려 했고 이내 사라져버리기를 바랐다. 이 역할이 아니라면 나는 누구이며 무엇을 할 것인가? 두려운 생각이 들었다.

이윽고 얼마 지나지 않아 브러시 댄스 이사회의 임원이자

자신의 고통과 교감하라

투자자이며 나의 친구이면서 멘토이기도 했던 이와 아침을 먹게 됐다. 뜻깊은 자리였다. 나보다 열다섯 살이나 많은 시나 리처드슨Shina Richardson은 매력적인 백발과 꿰뚫어 보는 듯한 푸른 눈을 가진 사람이다. 그녀는 부동산과 연금 관리 회사의 성공한 최고경영자였고, 직관이 뛰어났으며, 깊이 있고 신비로운 기운을 뿜었다. 시나는 아침을 먹으면서 내 눈을 똑바로 보고 말했다.

"마크, 이제 브러시 댄스를 떠날 때가 됐어요."

나는 그녀가 내 리더십 능력을 비판한다고 생각하고 민망해졌다. 내가 생각을 추스르고 대답하기 전에 그녀가 말을 이어갔다.

"이 조그만 출판사를 운영하는 것보다 훨씬 더 큰 일을 해야죠."

나는 곧바로 안도감을 느꼈다. 마음이 부푸는 동시에 절벽 끄트머리에 매달린 기분이 들었다. 시나의 말에 어리둥절하고 놀랐다. 내가 물었다.

"어떤 일요? 훨씬 더 큰 일이라니 무슨 뜻이에요?"

그녀가 대답했다.

"그건 당신이 알아내야죠. 서점에 가봅시다."

대화는 그것으로 끝이었다.

이 만남으로 나는 이미 경험했던 불편한 느낌을 다시 맞닥뜨리면서, 삶에서 새로운 정렬과 여정을 탐색하기 시작했다. 시나와 대화하고 난 뒤, 나는 내 삶의 중요한 챕터가 끝났고 새로운 챕터를 시작해야 한다는 사실을 깨달았다. 그때 정렬을 추구한 것이 그 이후 했던 모든 일로 이어졌다. 그때 브러시 댄스를 떠나지 않았다면 얼마나 불행했을지는 상상하기 힘들다. 나는 나를 찾아온 고통에 감사한다. 내가 추구하는 가치와 내 삶의 정렬이 어긋났다고 말해줬던 그 목소리, 불편함을 직면하게 해준 친구, 고통과 함께 머무르면서 탐색하고 배우고 성장할 수 있었던 용기에 감사한다.

。

자신의 이야기를 탐색하라: 연대표 작성하기

나는 구글의 사내 교육과 내면 검색 교육에서 이 연습을 활용하여 교육 참석자들에게 자신의 이야기를 탐색하게 했다. 삶에서 가장 높은(혹은 행복한) 지점과 낮은(혹은 가장 고통스러운) 지점을 찾아내고 그것들과 교감함으로써 각 지점 사이에 존재하는 관계에 대한 통찰력을 얻고, 스스로가 가장 중요하게 여기는 가치와 정렬하는 방향으로 나아갈 수 있도록 안내했다.

자신의 고통과 교감하라

방법은 간단하다. 종이 한 장과 펜 또는 연필을 준비하고, 종이 아래쪽에 가로로 직선을 긋는다. 왼쪽 아래에는 태어난 연도를 기입한다. 오른쪽 아래에는 현재 연도를 기입한다. 그다음 선에 10년 단위로 연도를 표시한다. 종이 맨 위에는 이렇게 적어보자. '내가 가장 행복하고 성공했다고 느꼈던 시기'. 종이 아래쪽에 그은, 연도를 표시한 선 바로 위에는 이렇게 적는다. '행복과 성공이 가장 저조했던 시기'. 그다음에는 떠오르는 대로 연대표에 사건이나 이야기를 채운다. 가장 큰 기쁨을 준 일이나 성공의 경험은 위쪽에 적는다. 같은 방법으로 가장 어려웠던 일이나 실패, 상실의 경험은 아래쪽에 적는다. 전체적으로 10~20개 정도 적는 것을 추천하지만 제한은 없다. 자유롭게 선택하여 적는다.

이해를 돕기 위해 이 책을 쓰는 시점까지의 내 삶을 두고 정리해본 연대표를 소개한다. 이를 참고해서 여러분의 연대표를 작성해보길 바란다.

내가 가장 행복하고 성공했다고 느꼈던 시기

1962 – 뉴저지주 콜로니아에서 열린 리틀 리그 월드 시리즈에서 투수로 출전하여 우승하다

1976 – 타사하라 선원에 들어가다

1981 – 결혼하다

1983 – 아들 제이슨이 태어나다

1986 – 뉴욕대학교 MBA 프로그램을 수료하다

1987 – 딸 캐롤이 태어나다

1989 – 브러시 댄스를 설립하다

2004 – ZBA 어소시에이츠를 설립하고 첫 책 《경영 관리
　　　　와 선》을 출간하다

2012 – 내면 검색 리더십 연구소를 설립하다

2015 – 일본에서 통역가와 함께 마음챙김과 감성지능을
　　　　가르치다

행복과 성공이 가장 저조했던 시기

1978 – 아버지가 돌아가시다

1995 – 어머니가 돌아가시다

2004 – 브러시 댄스를 떠나다

2017 – 내면 검색 리더십 연구소를 떠나다

연대표를 보면서 무엇을 인식했는가? 가장 좋다고 느꼈던
때와 가장 나쁘다고 느꼈던 때를 기억하면서 어떤 기분이 드는
가? 이런 선택이나 반응으로 놀라움을 느끼는가?

어떤 통찰이 떠오르는가? 이 사건들을 어떻게 인식하는가?

　　　　　　　　　　　　　자신의 고통과 교감하라

(1) 일부 부정적 사건을 봤을 때 여전히 마음 한구석이 따끔거리거나 그 일이 당신의 정신적이고 정서적인 공간을 차지하는가? 아니면 (2) 부정적이라고 표시한 사건이 사실 긍정적인 변화로 이어진 중요한 과도기였다고 인식하는가?

나는 내 연대표에서 부정적인 사건보다 긍정적인 사건이 훨씬 많다는 점에 놀랐다. 평소에 나는 좀 더 부정적으로 생각하는 성향에 가깝다. 또한 부정적인 사건이 긍정적인 사건보다 강력하고 강렬하다는 점도 놀라웠다.

우리의 이야기는 곧 담론이다. 대니얼 카너먼이 말했듯 우리에게는 경험하는 자아와 서술하는 자아가 존재한다. 방금 소개한 연습을 통해 두 자아의 상호작용을 탐색하고 배울 수 있다.

마음챙김 실천하기

연대표에서 최악이라고 표시한 지점을 선택한다. 최소한 12분 동안 이 사건에 대해 적어본다. 편집하거나 지나치게 생각하지 말고 그저 떠오르는 대로 적는다. 그다음에는 적은 내용을 읽어보자. 무엇을 배웠는가? 이런 통찰이 당신의 삶에 어떻게 긍정적인 영향을 줄 것인가?

의도적으로 비참한 기분 느끼기

나는 감정적 고통을 느낄 때 어린 시절부터 부정과 구획화 compartmentalization [2] 전략을 선택했다. 조울증이 있는 아버지 밑에서 자라면서 우리 집에는 긴장과 불안이 팽배했지만 거북한 문제와 느낌(긍정적이든 부정적이든 어떤 느낌이라도)을 입에 올리는 일은 드물었다. 이 전략은 부모님에게 효과가 있는 것 같았다. 나는 감정적 긴장을 무시하고 일상생활이나 좋은 성적을 올리는 것에 집중하며 《하디 보이즈The Hardy Boys》 같은 잡지나 추리소설을 읽는 등 관심을 밖으로 돌리면서 안전하다고 느꼈다.

나는 지금까지 40년 이상 선 명상을 수련했다. 그리고 전 세계 리더와 사업가들에게 마음챙김과 감성지능을 가르친다. 그러면서 가르치는 사람들에게 나도 가끔 이상한 기분이 들고, 리더이자 남편, 아버지로서 내 삶에서 감성지능을 받아들이고 발휘하는 것이 정말 힘들다고 자주 고백한다. 나의 아내는 내가 감성지능을 가르친다는 것을 여전히 상당히 이상하게 생각한다

---

2) 감당하기 힘든 현실을 회피하는 심리적 방어기제. 분리된 자아 상태를 인정하지 않고 상호작용을 억제한다.

는 사실도 말이다.

나는 구획화하고 스트레스와 고통을 회피하는 나의 성향에 대응해서 '의도적으로 비참한 기분 느끼기' 수련을 한다. 한 달에 한 번쯤 아침 수련을 할 때 의도적이고 의식적으로 모든 스트레스와 고통, 불편함에 나 자신을 개방한다. 내 삶과 주변 사람들의 삶, 세상에 존재하는 모든 슬픔과 고통을 생각하고 그것을 느껴본다. 최대한 완전히, 그리고 깊이 모든 것이 내 안으로 들어오게 한다. 강렬한 감정이 느껴지고 눈물이 쏟아지면 그것도 있는 그대로 받아들인다. 이 모든 것은 들어오고 나간다. 강렬한 고통은 강력한 감사와 교감으로 이어지곤 한다.

마음챙김 실천하기

최근에 '하나 줄어든 호흡'이라는 수련을 배웠다. 지금 하는 호흡은 평생 할 호흡 중에 하나가 줄어든 호흡이라는 사실을 인식하는 것이다. 현재를 감사히 생각하고 그 어떤 것도 당연히 받아들이지 않는 것이 이 수련의 목적이다.

관점을 유지하라

2016년 말, 나는 전립선암이 발병했다는 사실을 발견한 후 계속 치료를 받고 있다. 처음 암 진단을 받고 이 암에 대해 연구하면서 전립선암이 60대 이상의 남성에게 아주 흔한 암이라는 사실을 알아냈다. 지금까지 의학계에서는 이 병에 과민 반응하는 경향이 있었다. 지금은 전립선암을 앓는 남성 대부분이 '감시 대기 요법' 대상으로 분류된다. 즉시 수술하거나 방사선 치료를 하기보다 꾸준히 검사를 받고 암이 어떻게 진행되는지(진행되고 있는 중인지) 대기 관찰한다는 뜻이다. 전립선암은 매우 천천히 전이될 수 있는 암이지만, 전혀 치료를 받지 않는 환자도 있다.

처음 검사하고 진단받으면서 나도 이 분류군에 해당하길 바랐다. 나는 '감시 대기' 같은 회피 행위에 아주 익숙하다. 불행하게도 의사는 내가 이 분류군에 속하지 않는다고 했다. 두 번째 (그리고 세 번째) 의견을 구하러 찾아간 다른 의사 두 명도 마찬가지 대답을 했다. 내가 겪는 암은 그보다 확실하고 공격적이었다. 조치가 필요했다.

전립선암을 치료할 방법을 연구하면서 수술이나 화학 요법 같은 치료는 공통적으로 성 기능 저하라는 부작용을 일으킨다

자신의 고통과 교감하라

는 사실을 알아냈다. 이것은 내 정체성에 상당히 중요한 문제 같았고 어떤 선택을 할지 고민할 때 큰 영향을 주었다. 하지만 나의 의사 친구가 현명한 한 문장의 말로 상황을 정리했다.

"이봐요, 레서. 죽으면 훌륭한 성생활도 불가능해요."

고통과 교감하고 약간의 유머를 더하면 어려운 결정을 할 때 많은 도움이 된다. 관점을 유지하게 도와주기 때문이다.

'자신의 고통과 교감하라'

핵심 수련법

- 고통과 불편함을 직면하고 그것과 교감하라. 무엇이 가장 중요하고 의미 있는지 깨닫는 데 도움이 된다.

- 육체적 고통 같은 괴로움은 관심이 필요한 문제가 무엇인지 알려주는 신호라는 사실을 기억한다.

- 불편함을 탐색하면서 명상을 수련한다.

- 삶이 정렬을 벗어나는 순간을 인식한다. 당신 내면의 직감과 불만족, 불편한 느낌에 귀를 기울인다.

- 연대표를 작성해서 당신 삶의 이야기가 무엇인지, 당신에게 벌어진 긍정적이고 부정적인 사건을 어떻게 이해하는지 탐구한다.

- 가끔 의도적으로 비참한 기분을 느끼고 교감하여 부정과 구획화를 피한다.

- '하나 줄어든 호흡'을 수련하여 살아 있음에 감사하고 그 어떤 것도 당연히 받아들이지 않는다.

- 고통스러운 상황을 외면하지 않고 관점을 유지한다.

Part 2

소통

05

타인의 고통과 교감하라

다른 이가 행복하길 바란다면 자비를 수련하라.
스스로 행복해지고 싶다면 자비를 수련하라.
_달라이 라마

나는 브러시 댄스의 최고경영자가 된 후, 20년 이상 기업의 사
회적 책임 분야에서 초기부터 활동한 선도적 비영리단체인 '소
셜 벤처 네트워크Social Venture Network, SVN'의 멤버로 활동 중이다.
SVN는 500명이 넘는 회원을 보유하고 있으며, 매년 가을에는
미국 서부 해안에서, 봄에는 동부 해안에서 두 번의 콘퍼런스를
주최한다.

그중 뉴욕 근교에서 참여했던 SVN 콘퍼런스는 내 머릿속
에 뚜렷한 기억으로 남아 있다. 영리 기업과 비영리 기업을 경영
하는 리더와 최고경영자 수백 명이 커다란 동심원 모양으로 모

여 앉았다. SVN의 초창기 멤버인 람 다스가 원 한가운데에 서서 이야기하면서 집단 토론을 진행했다. 람 다스가 말을 멈췄을 때, 성공한 제조 대기업의 최고경영자가 손을 들고 마이크를 넘겨받았다. 그는 자신이 외부인 같고 심지어 사기꾼으로 느껴지는 데다 이 그룹에 소속감을 느끼기 힘들다고 했다. 성공했다는 생각도 안 들고, 여기 모인 사람들과 비교했을 때 자신이 운영하는 기업의 사회적 영향력이 큰 것 같지도 않다고 말했다. 그다음 오랫동안 SVN의 멤버였던 여성이 마이크를 넘겨받았는데, 그녀 역시 자신도 앞에서 이야기한 사람과 비슷한 이유로 똑같은 느낌이 든다고 했다. 이후로도 비슷한 대답들이 이어졌다. 이미 사회적으로 유명한 SVN의 멤버들 몇몇도 마찬가지로 이 그룹에 소속감을 느끼기 힘들다고 말했다.

당시 신입 멤버였던 나는 깜짝 놀랐다. 내가 보기에는 모든 발언자가 성공한 사업가였고 오랫동안 SVN에 몸담은 저명한 사람들이었다. 이들이 스스로를 외부인이라고 느낀다면 나와 내 회사—당시 브러시 댄스는 그리 크지 않은 신생 기업으로 수익이 100만 달러 미만이었다—역시 외부인이었을 것이다.

다시 마이크를 받은 람 다스는 다들 마음을 열고 취약성을 드러내 보여줘서 고맙다고 했다. 사람들에게 먼저 의구심을 표현하라고 요청하거나 그러기를 기대하지 않았으면서도 그는 참

타인의 고통과 교감하라

가자들의 고백에 귀를 기울였고 아름답게 표현된 그들의 고통과 열망을 있는 그대로 인정했다. 그리고 고통과 취약성을 출발점으로 삼아서 서로에 대한 신뢰를 키우고 우리 공동체와 더 넓은 세상의 긴급한 문제에 대한 진정한 해결책을 찾아보자고 했다.

어떻게 보면 그 방에 있던 모든 사람이 비소속감에 공감했을 것이다. 집단이나 명분, 공동체 등 개인보다 큰 무엇인가에 소속되고 싶은 마음은 인간의 보편적인 열망이다. 이는 공감하는 유인원이 추구하는 유대에 해당한다. 우리는 배제되거나 어딘가에 소속되지 못하고 자신이 속한 집단이 자신과 맞지 않는 것 같을 때 고통을 느낀다. 1:1의 관계에서든 집단의 일부일 때이든 이런 상실감은 늘 보편적이다. 다들 어느 시점에는 자신이 혼자이며 단절되어 있고 외부인이라고 느낀다.

SVN 콘퍼런스에서 참가자들이 공통적으로 표현했던 고통과 고독, 갈망, 결여되었다고 느꼈던 의식은 그곳에 있던 모두를 화합하게 했다. 우리는 유대를 형성하려는 공통적인 욕망으로 교감한다는 느낌을 받았다. 그날부터 나머지 일정 동안 우리는 한층 더 가깝고 친밀해졌다. 소속되지 않았다는 느낌을 바탕으로 교감하는, 부적응자의 친밀감을 공유한 셈이다. 뜻밖이면서도 역설적인 결과였다. 사람들은 집단 구성원들이 공유하는 취약성과 소속감에 대한 열망을 통해 한층 더 깊이 교감한다고 느낀다.

리더십은 공동체와의 유대를 육성한다는 뜻이다

다섯 번째 수련인 '타인의 고통과 교감하라'는 가르침은 뛰어난 리더십 기술과 평화로운 세계를 창조할 수 있는 가장 중요한 경쟁력이다. 나는 사람들이 타인을 깊이 응시하고 인간의 공통적인 특성—불행할 때 고통을 느끼며, 행복해지고 타인과 교감하고 싶어 하는 보편적 욕망—에 마음을 열었을 때, 짧은 시간 동안 변화가 일어나는 것을 경험했다. 리더가 집단의 목적의식을 육성하고 각 개인을 발전시키며 정신력을 키워주고자

타인의 고통과 교감하라

할 때, '타인의 고통과 교감하라'는 강력한 수련이 핵심 역할을 한다.

이 수련에서 언급하는 '고통'은 불편함과 상실에 대한 인류 보편적인 경험을 뜻한다. 여기에는 육체적 고통과 각자의 개인적 환경도 포함되지만, 더 중요한 것은 모두가 공유하는 감정적 고통의 형태를 인식하는 것이다. 무상함, 변화, 단절, 곧 닥칠 상실과 노화, 질병, 죽음 등이 여기에 속한다. 자아의식과 연관된 고통도 존재한다. 이는 스스로를 단절된 개인이라고 느끼지만, 동시에 공동체 안에서 유대를 쌓고 싶은 열망에서 비롯되는 고통이다.

공감하는 유인원의 후손인 우리는 타인의 감정을 느끼도록 진화하고 내재화했다. 이 자체가 공감의 정의이며, 여기서 공감의 대상은 육체적이고 감정적인 모든 느낌을 포함한다. 사실 우리는 우리가 인식하거나 상상하는 수준 이상으로 다른 이들과 연결되어 있다. 수많은 과학적 연구들이 이 사실을 입증했다. 인간은 타인이 분비하는 호르몬과 신체 화학물질의 영향을 받는다. 함께 사는 여성들은 월경 주기가 동기화하기도 한다. 긍정적 감정과 부정적 감정이 전염된다는 사실도 증명됐다. 느낌과 감정은 강력하게 상호 연결되어 있다.

우리는 타인의 고통을 공유할 필요가 없다고 생각하는 실수를 종종 범한다. 이런 실수는 특히 리더에게 적용되는데, 리더십의 권위를 높이려면 타인에 대한 공감을 줄여야 한다는 증거도 존재한다.[1] 인간은 타인의 감정을 인식하도록 타고났으면서도, 어째서인지 단절된 상태를 유지할 수 있다고도 생각한다. 왜 이런 일이 발생할까? 확실하지는 않지만 몇 가지 그럴듯한 이유가 있다. 첫째, 단절되면 의무에서 자유로워질 것 같기 때문이다. 타인을 나와 분리하면 타인의 고통은 나의 고통이 아니게 되며, 나는 아무것도 할 필요가 없다. 또 다른 이유는 자신의 고통을 느끼고 싶지 않기 때문이다. 타인의 외로움이나 슬픔 같은 고통을 경험하고 공유하는 것은 자신의 고통도 인정한다는 뜻이므로 우리는 어떻게든 이를 외면하려고 한다. 따라서 타인이 행복할 때는 공감하는 유인원이 되기 쉽지만, 그 반대 상황은 훨씬 어려워진다.

하지만 공감 능력은 리더십의 핵심적인 경쟁력이자 인간으로서 가져야 할 필수 요소이고 우리 인간성의 일부다. 여러분이 이 사실을 꼭 깨닫기를 바란다. 타인의 고통에 능숙하게 교감하는 법을 배우면 역설적으로 깊은 안정과 만족감을 느끼는 능력을 키우는 데 도움이 된다. 그 결과, 깊은 소속감이 생긴다. 궁극적으로 깊은 진실을 표현할 자유가 생기고 다른 사람이 이를 표현할 수 있도록 도울 수 있다. 이 수련의 목표는 타인의 경험과

타인의 고통과 교감하라

관점을 인정하고 경험하여 우리의 정신과 마음을 타인과 한층 깊이 연결하는 한편, 인간으로서 닮은 점을 보고 느끼며, 자비나 자애를 베푸는 것이다.

'네 기사'를 인식하라

존 가트맨John Gottman 박사는 부부가 계속 함께하거나 이혼하게 만드는 요소를 연구했다.[2] 그리고 어떤 부부를 5분간 관찰한 다음, 이들이 함께할지 헤어질지 90퍼센트 이상의 정확도로 예측했다. 가트맨 박사는 끝까지 이어지지 못하는 결혼을 예측하는 핵심 지표로 비판과 경멸, 방어, 회피라는 네 가지 행동을 정의했다. 그는 이 네 가지를 '종말의 네 기사Four Horsemen of the Apocalypse'라고 불렀다.

이런 행동은 언제든 어떤 관계에서나 흔히 나타날 수 있다. 이 네 기사는 타인의 고통에 대한 교감을 적극적으로 회피하는 방식을 뜻한다. 또한 타인으로부터 자신을 분리하는 효과적인 전략이자 행위다. 타인의 고통에 교감하는 능력을 계발하려면 자기 안의 네 기사를 인식하고 자신이 회피하는 방식을 알아내야 한다.

누구나 언젠가는 이런 부정적인 행동을 하게 되므로, 여기서 네 기사가 쓰는 전략을 정확히 정의할 필요가 있을 듯하다.

— **비판:** 불만을 내보이면서 비판한다. 타인의 고통이 고통을 느끼는 당사자의 잘못이라고 표현하여 도와줄 의무를 회피할 수단으로 쓰인다.

— **경멸:** 멸시하거나 망신을 주고, 정직성이나 진실성에 의문을 나타낸다. 타인의 고통을 부정하거나 고통의 타당성을 약화하려는 전략이다. 존재하지 않으면 공유할 필요가 없기 때문이다.

— **방어:** 이견이나 비판을 피하려고 장벽을 쌓는다. 벌어진 상황이나 사실에 동의하지 않는다. 잘못이나 개인적 책임, 도와줄 의무를 부정하기 위해 사용된다.

— **회피:** 질문에 대답하기를 거부하거나 얼버무리면서 미루거나 차단한다. 달리 말해서 다른 방법이 전부 통하지 않을 때, 보기 싫거나 대면하기 싫은 것을 무시해버린다.

타인의 고통과 교감하라

마음챙김 실천하기

당신은 타인의 고통을 주로 어떻게 회피하는가? 잠시 시간을 내서 비판과 경멸, 방어, 회피라는 '네 기사'를 생각해보자. 이 가운데에 당신이 선호하는 전략이 한두 가지가 있는지 확인한다. 나는 주로 회피한다. 취약하다고 느껴지고 내 고통이 와닿을 때 일단 문을 닫아버리는 성향이 있다. 도망가거나 사라지고 싶어서 다시 시작해도 될 만큼 안전하다고 느낄 때까지 물러나고 회피한다. 남은 한 주 동안, 혹은 언제든 생각이 날 때마다 자신과 타인에게 존재하는 네 기사를 세심하게 살펴보자. 이들의 존재는 모호할 때도 있고 분명할 때도 있다. 내 삶에 이 중 한 가지가 나타난다면 시험 삼아서 반대로 대응해본다. 타인의 고통을 느끼고, 배제와 차이에 집중하기보다 유대에 초점을 맞춰보자.

○

더 평화로운 세상을 위하여: 닮은 점을 보고 자애를 베푼다

나는 공동 창립자이자 전 최고경영자로서 내면 검색 리더십 연구소의 비전과 사명 선언문 작성에 참여했다. '세상의 모든

리더는 현명하고 자비로우며, 세상이 평화로울 수 있는 환경을 창조한다.'

이 선언문을 만들 때 연구소 이사진은 높은 목표(그것도 무척이나!)를 세우고 불가능해 보일 정도로 대담한 비전과 사명을 표현해야 한다고 생각했다. 그래야 대담하고 불가능한 시대에 어울릴 뿐만 아니라 마음챙김과 감성지능 교육에 적합할 것 같았다. 하지만 나는 불가능할 만큼 순진하고 야심만만한 선언문을 사람들이 어깨를 으쓱하며 무시하는 모습을 봤다. 사실 인류 문명이 쌓아올린 성취와 그와는 대조적으로 현재 지구에 만연한 폭력과 갈등, 전쟁을 고려한다면 어떻게 그들을 비난할 수 있겠는가? 현명하고 자애로운 리더는 다 어디로 갔을까? 과연 어떤 사람이 세계 평화를 이룰 만한 상황을 만들겠는가?

하지만 타인의 고통과 교감하는 이 수련은 내게 희망을 준다.

예를 들어보겠다. 이틀간 이루어지는 내면 검색 워크숍의 마음챙김과 감성지능 프로그램의 백미는 둘째 날 아침이 끝날 무렵이다. 여러 가지 측면에서 교육 첫날과 프로그램의 절반은 이 순간을 위한 준비나 다름없다. 그때까지 참가자들은 더 고요하게 집중해서 앉는 법을 배우고 끼어들지 않고 듣는 법을 연습한다. 또한 세 가지 감성지능인 자기 인식, 자기 관리, 동기부여

　　　　　　　　타인의 고통과 교감하라

를 배운다. 이제 참가자들은 타인의 고통과 교감하는 수련을 깊숙이 경험할 준비가 됐다. 그다음으로 우리는 두 가지 핵심 기술을 가르치는 데 특히 집중한다. 자신과 타인의 닮은 점을 보고 자애를 베푸는 수련이다.

이때 활용하는 연습을 이 책에 맞게 변형하여 소개한다. 연습은 두 부분으로 구성된다. 1부에서는 타인과 나의 닮은 점을 보는 데 집중하고, 2부에서는 자애를 베푸는 데 초점을 맞춘다. 워크숍 참가자들은 짝을 지어 서로 마주 보며 연습한다. 이 연습을 할 때는 믿음직하고 가까운 사람에게 부탁하여 이 장을 읽고 연습의 맥락과 목표를 이해하게 한 뒤 진행하자. 물론 상대와 실제로 대면하지 않고(휴대폰이나 영상 회의 등을 통해) 진행하거나 혼자 연습할 수도 있다. 실제 사람이든 가상의 인물이든 당신이 선택한 사람과 마주 앉아 있으며 상대가 다음에 제시된 대본에 따라 말한다고 상상하자.

1부: 닮은 점 보기

몇 분 동안 마음챙김 명상을 한다. 몸과 호흡에 집중하고 그날 바쁘게 해야 할 일이나 활동은 내려놓는다.

그다음 앞에 앉은 사람을 인식한다. 잠시 이 사람을 바라보자. 상대는 사람이다. 당신처럼. 인간으로서 그에게 느끼는 유대를 인식하고, 그렇게 생각한 결과, 당신의 내면이 편안해지는지 불편해지는지 인식한다. 상대와 눈을 맞춰도 좋고 안 맞춰도 좋다.

그리고 다음 문장을 하나씩 읽는다. 소리 내어 크게 말하거나 마음속으로 조용히 말해도 된다. 말하면서 천천히 각 문장의 의미를 생각해본다.

· 내 앞에 있는 사람에게는 몸과 마음이 있다… 나처럼.
· 내 앞에 있는 사람에게는 느낌과 생각이 있다… 나처럼.
· 내 앞에 있는 사람은 고통과 슬픔, 분노, 상처, 혼란을 느낀 적이 있다… 나처럼.
· 내 앞에 있는 사람은 육체적·감정적인 고통과 괴로움을 느낀 적이 있다… 나처럼.
· 내 앞에 있는 사람은 고통과 괴로움에서 해방되고 싶어 한다… 나처럼.
· 내 앞에 있는 사람은 많은 기쁨을 경험했고 때로는 행복했다… 나처럼.
· 내 앞에 있는 사람은 건강하고, 사랑받고, 충만한 관계를 갖고 싶어 한다… 나처럼.
· 내 앞에 있는 사람은 행복하길 원한다… 나처럼.

타인의 고통과 교감하라

2부: 자애 베풀기

이제 자애 베풀기를 수련한다. 당신 마음속에 호의가 떠오르게 하자. 자애 베풀기 수련을 시작하기 전에 잠시 상대를 다시 바라본다. 이들은 사람이다… 당신처럼.

그다음 소리 내어 크게 말해도 좋고, 마음속으로 조용히 말해도 좋으니 다음 문장을 읽어본다. 각 문장 사이에는 잠시 쉰다.

· 내 앞에 있는 사람이 삶의 어려움을 헤쳐나갈 힘과 자원을 가지기를 소망한다.
· 내 앞에 있는 사람이 고통과 괴로움에서 해방되길 소망한다.
· 내 앞에 있는 사람이 행복해지기를 소망한다.
· 왜냐하면 이 사람은 같은 인간이기 때문이다… 나처럼.

그다음 이런 마음을 다른 모든 사람에게로 확장한다. 최대한 과감하게 너그러움을 발휘한다. 원한다면 위에서 제시한 문장에 특정인의 이름을 넣거나 당신이 소속되어 참여하고 싶은 다른 공동체의 이름을 넣어도 좋다.

· 이 방, 이 건물, 그리고 이 집에 있는 모두가 행복해지기를. 고

통에서 해방되고 평화로워지기를.

· 내 가족과 친구가 행복해지기를. 고통에서 해방되고 평화로워지기를.
· 내 동료와 함께 일하는 모든 이가 행복하기를. 고통에서 해방되고 평화로워지기를.
· 세상의 모든 존재가 행복하기를. 고통에서 해방되고 평화로워지기를.
· 마지막으로 잊지 말고 자신도 포함한다. 내가 행복하기를. 고통에서 해방되고 평화로워지기를.

말을 마치고 나면 몸과 마음으로 의식을 가져온다. 모든 생각과 느낌을 내려놓는다. 들숨과 날숨을 인식하자. 두 사람 다 마무리하고 준비됐으면 몇 분 정도 시간을 들여 다시 두 사람이 있는 공간에 집중한다.

이 연습은 서로 간의 이해를 도모하고 두 사람 사이에 다리를 놓아줄 수 있다. 처음 만나거나 오해했던 사람, 서로 갈등이 있는 사람이라도 마찬가지다. 나는 안전 공간을 마련한 다음, 서로 단절되고 분리됐다고 느끼는 사람들이 이 연습을 함께 하면 세상이 한결 평화로워질 것이라고 믿는다.

상대방과 나의 닮은 점을 보고 자애를 베푸는 두 가지 수련은 놀라울 정도로 윤택하게 내면의 자원을 쌓게 해줄 뿐만 아니라 두려움과 편견을 떨치는 데 유용하다. 또한 우리가 하나의 종족, 즉 인류라는 하나의 가족이라는 사실을 보게 해준다.

내면 들여다보기

우리는 이런 대화를 자주 한다. 요즘 어때요? 괜찮아요. 기분이 어때요? 괜찮아요. 일, 학교, 관계는 어때요? 괜찮아요. 심리학자인 내 친구는 '괜찮다FINE'가 '마음속 감정을 표현하지 않는다Feelings Inside Not Expressed'의 머리글자라고 했다.

달리 말하면 '괜찮다'는 사회적으로 수용 가능한 회피나 방어의 일종이다. 하지만 '괜찮다'를 대답으로 받아들일 필요는 없다. 온건한 회피를 인식하고 내가 '내면을 들여다보기'라고 이름 붙인 행위를 실천하면 된다. 느낌의 표면만 훑어보고 지나는 것이 아니라 사람들에게 솔직하도록, 자신이 겪고 있는 변화와 어려움, 고통을 공유하도록 격려할 수 있다. 우리는 호기심을 품고 자신과 타인의 두려움과 의심을 피하기보다 대면해야 한다. 소속되지 않는 느낌과 고통을 회피하는 것이 더 안전하다는 느낌 등 삶의 무수한 어려움과 역경을 파고들지 않고 존중하는 마음으로 탐색해본다. 일상생활의 표면 아래에 존재하는 타인의 생생한 고통과 걱정을 깨닫는 것은 놀랍고 강력한 경험이다. 이 고통은 우리를 연결하는 접착제이자 모든 인간이 공명하는 투쟁, 실패, 취약성, 고통 등의 감정이고 공통된 인간성이다.

노먼 피셔와 나는 그린 걸치 농장의 사업가들을 대상으로 일일 워크숍인 컴퍼니 타임Company Time을 20년 이상 공동 진행했다. 보통 1년에 서너 번 모이는데, 참가자의 절반은 전에도 참석한 적이 있고, 절반은 처음 참석하는 사람들이다. 아침 일찍 워크숍 장소에 모여 자신을 소개하는 시간이 되면, 최고경영자나 과학자, 기업가, 코치, 컨설턴트, 그 밖의 유명한 전문가 등 상당히 인상적인 직위와 경력을 접할 수 있다. 그러나 명상 수련과 마음챙김 경청을 하고 나면 참가자들은 이 워크숍이 이루어지는 공간이 안전하며, 자신들의 취약함을 드러내도 괜찮다고 느끼기 시작한다. 이윽고 같은 날 더 늦은 시간에 함께 모여서 한 번 더 대화를 나눈다. 그때는 거의 모두가 자발적으로 자신이 겪는 어려움을 털어놓는다. 그리고 이들의 이야기를 들어보면 참석자들 대부분은 일이나 개인적 삶에서 어떤 식으로든 전환기에 들어선 상태였다. 이들은 첫 만남이 이루어지던 아침에는 서로 깊은 인상을 남기고 싶어 하는 분위기 때문에 타인과 자신을 비교하고 유대가 약한 상태에 머무른다. 그러나 오후가 되면 사람들은 훨씬 심리적으로 취약해지면서 자신의 어려움과 고통을 개방한다. 이는 유대와 신뢰, 공감으로 이어진다. 나는 기업이든 기업이 아닌 환경에서든 이와 같은 패턴을 동일하게 발견했다.

또 다른 예로 몇 년 전에 텍사스주 오스틴 외곽에서 대형 소프트웨어 회사의 일류 영업사원 100명을 대상으로 마음챙김과 감성지능 워크숍을 진행한 적이 있다. 워크숍은 이틀간 진행됐다. 첫날에는 스트레스가 심한 환경에서 일하는 전략을 다루면서 집단 사이에서 신뢰와 협력을 증진하는 데 집중했다. 둘째 날에는 이 회사의 전략과 목표에 초점을 맞췄다.

강단에 서서 참가자들을 둘러보니 다들 커리어에서 성공했으며 자신감이 있어 보였다. 참가자들은 상당히 다양했다. 아시아와 북미, 남미 등 여러 국가에서 온 남녀가 뒤섞여 있었다. 남자들은 대부분 양복과 넥타이를 착용했고 여자들은 비즈니스용 세미 정장 차림이었다. 자신감과 성공의 기운이 그 방 전체에서 뿜어져 나왔다.

아침 시간이 지나자 이 책에서 제시한 마음챙김과 경청 수련에 해당하는 몇 가지 연습을 진행했고, 이후 참가자들은 모두 자신만만한 표정을 벗어던졌다. 이들은 그간 자신에게 주어졌던 역할과 전문성을 내려놓고 그저 한 명의 인간으로서 취약함을 드러냈다.

이윽고 활발한 질문이 이어졌고 질문은 점차 개인적인 성격을 띠었다. 업무적으로 높은 수준의 요구를 받으며 전 세계에 흩어져서 일하는 팀원들과 협업해야 하는 고충 속에서 어떻게 스트레스를 처리하느냐고 질문하는 사람들이 많았다. 잦은 출장 스케줄과 가족과 보내는 시간을 어떻게 조율하는지, 불안감이 엄습할 때 어떻게 대처하는지, 스트레스가 가득한 일터에서 하루를 보낸 다음 어떻게 가족들에게 감정적으로 충실할 수 있는지 질문한 이도 있었다. 자녀들의 행동과 약물 문제에 조언을 구한 사람도 있었다. 한 여성은 가장 어린 딸이 자동차 사고로 사망한 후 지금까지 슬픔에 젖어 있다고 말했다.

하루가 끝날 무렵, 방 안의 에너지는 뚜렷하게 바뀌었다. 참가자들은 개방성과 교감, 신뢰를 느꼈다. 그들은 평화로운 상태를 창조하는 현명하고 자애로운 리더로 나아갔다.

플라톤은 이렇게 말했다. "친절해라. 그대가 만나는 모든 이는 힘든 전투를 치르고 있다."

마음챙김 실천하기

타인의 내면을 들여다볼 기회를 물색하자. 파티나 사업상 모임

타인의 고통과 교감하라

에서 누군가를 만났을 때 날씨 같은 사소한 이야기를 하기보다 이렇게 말해보자. "당신의 이야기 좀 들려주세요." 예의 바르면서도 진심으로 묻는다. "가장 힘든 일이 뭐였습니까?" "이 일은 어떻게 하게 됐나요?" "어떤 장애물을 극복했습니까?"

그리고 당신과 그의 닮은 점을 바라보고 자애를 베풀면서 그저 그의 이야기를 듣는다.

°

통렌: 주고받기

통렌Tonglen은 고대 불교의 수련법으로 '주고받기'라고 번역된다. 앞서 소개한 연습처럼 이 수련도 두 부분으로 구성된다. 첫 번째 수련은 상대적으로 쉽다. 가족과 사랑하는 사람, 친한 친구, 함께 일하는 동료의 평화와 자유, 치유를 기원하는 것이다. 이 수련에서는 너그러움의 근육을 단련하기 위해서 까다롭다고 느끼는 사람, 자신과 갈등을 겪는 사람, 심지어 가장 어려운 관계에 있는 사람이나 적을 대상으로도 똑같이 그들의 평화와 자유, 치유를 기원한다. 타인이 잘되기를 바라는 것은 불안한 유인원을 진정시키는 효과적인 방법이다.

두 번째 수련은 좀 더 어려울 수 있다. 고통과 어려움을 당신의 정신으로 불러와서 만지고 호흡하며 마음속으로 붙드는 수련이다. 우리는 의식하는 고통뿐만 아니라 감지하고 상상하는 고통도 느낀다. 타인의 부상이나 절망, 운동 경기 팀에 들어가지 못하거나 친구에게 홀대받는 등의 일에서 비롯되는 사소한 실망부터 친척이나 가까운 사람의 죽음에 이르기까지 여러 가지 상황이 포함된다.

결국 두 가지 수련은 상상력이 풍부한 유인원에서 시작하여 공감하는 유인원의 합류로 끝이 난다. 이 수련은 타인의 고통과 우리의 관계를 연결하고, 변화시키며, 마음을 열도록 도와준다. 그 결과, 정신적 경험과 육체적 경험을 모두 할 수 있다. 우리가 타인의 고통을 느끼는 능력은 일반적으로 인식하거나 인정하는 수준보다 훨씬 크고 수용적이다. 이 수련을 통해 마음을 열고 타인의 고난과 고통에 적절히 대응할 수 있다.

주고받기 명상의 실제

먼저 편안하면서도 각성한 상태로 앉을 방법을 찾는다. 몇 분간 몸과 마음을 준비한다. 몸과 호흡, 생각, 느낌을 점검한 다음 호흡에 집중한다.

타인의 고통과 교감하라

다른 이가 잘되길 기원하는 것부터 시작한다. 가장 가까운 사람과 가족, 파트너, 친한 친구를 떠올린다. 직접 밖으로 소리를 내어 말해본다. 그들이 행복하고 고통으로부터 자유로우며 평화롭기를.

그다음 지인과 동료를 떠올리며 같은 방식으로 잘되기를 기원한다.

이제 접촉은 하지만 별로 혹은 전혀 관계가 없는 사람을 떠올리고 같은 행위를 반복한다.

마지막으로 당신과 갈등을 겪는 사람을 떠올리고 그들이 잘되기를 기원한다.

첫 번째 수련이 끝나면 두 번째 수련으로 넘어간다. 타인과 세상의 고통을 느끼는 것이다. 특정한 상황을 떠올리거나 상실이나 슬픔, 불평등, 아는 사람(혹은 모르는 사람)의 어려움이 떠오르도록 자연스럽게 내버려둔다. 어느 쪽이든 당신에게 효과가 있는 방식으로 상상한다.

그러면서 부드럽게 호흡한다. 숨을 들이마실 때마다 타인과 세상의 고통, 괴로움을 들이마시고 마음이 열리면서 넓어지는 것을 느낀다. 그다음에는 숨을 내쉬면서 느낌을 내려놓고 다시 호흡에 집중한다. 원하는 만큼 반복한다.

두 번째 수련까지 끝나면 몇 분 정도 의식을 호흡과 몸으로 가져오고 모든 생각과 이미지, 감정을 놓아준다. 그리고 부드럽게 자신이 앉아 있는 공간으로 의식을 되돌린다.

。

자비 리더십

리더뿐만 아니라 인간으로서 공감 능력을 키우는 것은 중요하다. 그것은 인간의 강력한 동기인 자비, 혹은 타인의 고통을 덜어주려는 행동을 일깨우기 때문이다. 또한 공감은 내면의 힘을 기르는 효과적인 방법이다. 타인의 고통을 보지 않거나 인정하지 않으면 도우려고 행동하지도 않는다. 그 결과, 세상을 바꿀 힘이나 능력이 낭비된다. 자비심이 있으면 반대로 행동할 수 있다. 우리는 선한 일을 하기 위해 힘을 발휘할 수 있지만, 그러려면 먼저 이 책의 다섯 번째 수련부터 해야 한다. 타인의 고통과 교감하는 것이다.

나는 공감과 자비의 차이점을 정확히 알려달라는 질문을 꾸준히 받는다. 공감은 타인의 기분을 느끼되 자신의 느낌과 구분하는 것이다. 타인의 느낌을 자기 느낌과 구분한다는 두 번째 정의는 중요한 의미를 지닌다. 이렇게 구분하지 않으면 감정이 전염되기 때문이다. 느낌을 넘어서 타인의 느낌과 자신을 동일

타인의 고통과 교감하라

시하게 된다.

자비는 세 가지 요소로 구성된다. (1) 공감, 즉 타인의 기분을 느낀다 (2) 이해, 즉 타인의 느낌과 경험을 이해하려는 열망을 품는다 (3) 동기부여, 즉 타인의 고통을 덜어주고자 행동한다.

이틀짜리 내면 검색 교육 프로그램을 진행할 때 참가자들에게 자비를 경험하게 할 목적으로 나는 영상 하나를 보여주곤 한다. 이 영상에는 NBA 농구 경기를 시작하기 전에 미국 국가 〈별이 빛나는 깃발〉을 부르는 젊은 여성이 등장한다.[3] 곡 초반에 여성은 가사를 잊어버리고 당황해서 그 자리에서 굳어버린다. 그때 농구 코치 모리스 칙스Maurice Cheeks가 나와서 그녀 옆에 선다. 이제 그녀는 혼자가 아니다. 모리스 칙스는 가사를 거의 몰랐고 노래를 잘하지도 않았지만, 그가 도와준 덕분에 여성은 다시 가사를 떠올렸고 노래를 이어서 마무리할 수 있었다. 경기장 전체에 환호가 쏟아지며 영상이 마무리된다.

나는 이 영상을 스무 번 이상 봤는데 그때마다 아직도 그 여성이 당시에 느꼈을 공포와 당황스러움을 동일하게 느낀다. 또한 그녀가 취약해지고 괴로워할 때 타인이 과감하게 나서서 도와주는 자비를 경험하며 깊이 감동한다.

삶의 모든 영역에서 당신이 타인을 돕고 있는 방법, 혹은 도울 방법을 일기에 적는다. 자비로운 행동에 도움이 되는 것과 방해가 되는 것은 무엇인가?

○

고통과 수용

스물일곱 살 무렵, 선 수련생으로 캘리포니아 북부 그린 걸치 농장에서 살고 있을 때 아버지가 병원에 입원하셨고, 암으로 매우 편찮으시다는 소식을 들었다. 나는 곧 아버지를 만나러 비행기를 타고 뉴저지주로 갔다. 병원에 도착하니 말 그대로 침대에 묶여 있는 아버지를 볼 수 있었다. 의사는 아버지가 밤에 병원 복도를 걸어다녀서 약물을 투입하고 저지해야 한다고 했다. 다행히 내게는 든든한 지원군이 있었다. 샌프란시스코 선원의 친한 친구 두 명이었다. 두 친구의 도움 덕분에 나는 힘들고 복잡한 시기를 헤쳐나갈 수 있었다. 친구들은 의사가 아니라 내가 아버지의 치료를 주도해야 한다고 했다. 그들의 지지에 힘입어 나는 의사들과 얘기하여 아버지를 침대에서 풀었고 아버지에게 투여되는 약도 중지시켰다. 약효가 사라지고 아버지가 의식을 차렸을 때, 나는 비로소 아버지와 진솔하게 대화할 수 있었다. 나는 아버지에게 의사가 말하는 예후를 모두 알려드렸다. 아버지의 몸은 암세포로 가득하며 오래 살지 못할 가능성이 크다는 얘기였다. 동시에 나는 여전히 희망을 품고 있으며 뜻밖의 일이 일어날 가능성을 믿는다고 전했다. 아버지가 느끼셨을 고통에 최대한 교감했다. 내가 이런 대화를 당신과 나누는 것이 얼마나 고통스러운지 아버지가 교감하시는 것도 느낄 수 있었다.

아버지는 오래전 내가 선원에서 살겠다고 결정했을 때 무척 실망했고 화를 내셨다. 선원에 가려고 대학을 그만뒀기 때문이다. 병원에서 아버지에게 상황을 설명하던 그 순간, 아버지는 나를 보며 말씀하셨다.

"네가 뭘 하려는지 나는 여전히 이해가 안 되는구나. 하지만 그게 무엇이든 계속하렴."

그것은 내 인생에서 가장 강력하면서도 의미 깊은 대면이었다. 서로가 고통스러운 가운데 만나서 그 괴로움에 교감하여 새롭게 서로의 처지를 이해하고 수용과 사랑이라는 깊은 감정을 경험할 수 있었기 때문이다.

'타인의 고통과 교감하라'

핵심 수련법

- 리더는 공동체 구성원들과 유대를 육성해야 한다는 사실을 기억한다.

- 타인의 고통과 교감하기를 피하려는 '네 기사'인 비판, 경멸, 방어, 회피를 기억한다.

- 타인과 자신의 닮은 점을 보고, 자애를 베푸는 수련을 한다.

- 대화를 할 때 상대에게 어려움과 힘든 점을 질문하여 그의 내면을 들여다본다.

- 통렌(주고받기) 명상을 수련한다.

- 자비로운 행위를 고취하고 자비 리더십을 발휘하기 위해 공감 능력을 키운다.

06

타인에게 의지하라

나는 매일 100번씩 이 사실을 떠올린다.
나의 내면적 삶, 표면적 삶은 산 사람이든 죽은 사람이든
타인의 노고에 기반을 두고 있으며 내가 지금까지 받은 만큼,
지금도 받는 만큼 다른 사람에게 주려고 노력해야 한다.
_알베르트 아인슈타인

선원 식당을 운영할 때 팀원들과 했던 메뉴 계획 회의가 기억에 남는다. 당시 나는 매주 객원 요리사 세 명과 함께 앉아서 회의를 진행했다. 이들은 식당에서 일하는 수련생들 중에서도 가장 경험과 재능이 풍부한 사람들이었다. 우리는 선원에 하룻밤 머무르는 손님 70~80명의 세끼를 여름 내내 매일 책임졌다. 우리가 회의하던 테이블에는 채식주의자를 위한 요리책과 많은 아이디어를 적은 다양한 종이와 조리법 카드가 쌓여 있었다. 우리는 식당의 모든 음식과 메뉴를 정하는 한편, 앞으로 한 주 동안 매일 누가 무엇을 할지 정해야 했다. 음식 가운데 일부는 검증된

표준 메뉴에서 선택했지만, 그 밖의 다른 음식들은 좀 더 실험적이었다. 우리는 제철 채소와 과일을 사용해서 특선 메뉴를 선보이며 새로운 아이디어를 시도하고 싶었다.

이 회의에서 주방장인 나의 근본적인 역할은 코치와 멘토로서 행동하는 것이었다. 나는 무엇이 잘되고 있는지, 우리 팀이 무엇을 더 잘할 수 있는지 팀원들에게 피드백했다. 우리는 식당의 문화와 수련, 팀의 역할과 성장을 주제로 삼았다. 특히 우리가 선원의 수련생이자 요리사로서 각자 어떻게 발전하고 배우고 있는지 토론했다. 그다음에는 음식의 질을 끌어올리는 일에 관해 다뤘다. 우리가 손님들에게 내는 음식들 중에 무엇이 잘되고 있고, 무엇을 더 잘할 수 있는지 의견을 나눴다. 나는 코치이자 안내자로서 팀원 개개인과 팀 전체를 위해 내가 무엇을 도울 수 있는지, 전반적인 수련 생활과 선원 식당 운영의 효율성에 도움이 되려면 무엇을 해야 할지 묻곤 했다.

나는 이 회의가 만족스러웠고 가끔은 신날 정도였다. 우리는 식당 안팎에서 함께 일하고 수련하면서 한 팀으로서 더없는 신뢰와 배려를 경험했다. 선원에서 이루어진 핵심 수련은 자신과 타인을 배려하고 친절함을 베푸는 관대함을 배우는 것이었다. 선원 식당에서 우리의 역할 역시 서로 성장하고 성공할 수 있도록 돕는 것이었다. 당연히 그 과정에서 갈등과 의견 충돌이

타인에게 의지하라

생기기도 했지만, 그럴 때마다 관대함을 발휘하는 것은 창의적인 해결 방안을 마련하는 기틀이자 그 자체로 하나의 수련이었다. 식당에서 요리를 하고 마음챙김을 수련하는 데 있어 우리 팀 내부에서는 개방적이고 전략적인 논의가 이뤄졌다. 각자 역할이 무엇이든 우리는 모두 서로 도와주면서 함께 성장하고 배우는 동료였다. 음식를 만들어냄에 있어서도 혼자 계획했더라면 나오지 않았을, 단순하면서도 우아하고 창조적인 메뉴를 함께 생각해냈다.

메뉴 계획 회의에서는 헌신하는 수련과 통합하는 수련이 어우러졌다. 두 수련은 모두 요리라는 우리가 수행해야 하는 본질적인 업무를 준비하는 행위 가운데에 일어났다. 우리는 메뉴 계획 회의를 하면서 함께 일하고 서로 돕고 신뢰를 쌓으면서 배우는 모든 행위를 통합했다. 이 회의에서 가장 중요한 것은 목표한 일을 해내기 위해 우리가 함께 일한다는 사실을 인식하며 더 나은 방향으로 우리의 행동을 개선하고 발전시켜나가는 것이었다. 이 과정이 없었더라면 우리는 우리가 열망하는 높은 수준에 맞춰서 선원의 손님들에게 최상의 요리를 대접할 수 없었을 것이다.

이것이 여섯 번째 수련인 '타인에게 의지하라'가 던지는 핵심 메시지다. 리더는 사람들과 함께 일하고 팀을 이끌어야 할 때, 지금까지 소개한 모든 수련 방법을 동원하고 이를 기반으로 팀원 모두가 함께 어우러져 잘 일할 수 있게 해야 한다. 그러려면 높은 수준의 자기 인식과 자심감을 비롯하여 겸손과 공감, 개방성, 초심자의 정신으로 상황에 접근하는 자세가 필요하다. 나는 마음챙김 리더십이야말로 타인에게 의지하는 진정한 기술이라고 생각한다.

상호 의존: 리더십의 기술과 과학

타인을 격려하여 공동의 비전을 수행하고 달성하는 것은 리더십에 대한 전형적인 정의라고 할 수 있다. 이 말도 사실이지만 나는 바꾸어 말하고 싶다. 리더십은 결과가 중요한 환경에서 신뢰와 의미 있는 교감을 구축하는 기술이다. 리더의 역할은 팀을 지원하는 것이며, 그럴 수 있으려면 서로 의존하는 관계를 의미하는 '상호 의존'이 필요하다.

리더의 핵심 역할은 사람들을 격려하여 개인의 기술과 관점을 계발하는 한편, 목표를 달성하는 데 필요한 기술과 관점을 갖춘 팀을 구축하는 것이다. 즉, 리더로서 자신뿐만 아니라 팀 전체의 창조적 격차를 파악해야 한다는 뜻이다. 당신이 가진 기

타인에게 의지하라

술과 관점은 어떤 측면에서 부족한가? 당신이 제공해줄 수는 없는데, 팀에 꼭 필요한 사람이나 자원은 무엇인가? 달리 말하면 '타인에게 의지하라'는 말은 리더를 비롯해 각 개인에게 부족한 역량은 이해심과 진취성을 발휘하여 다른 사람의 그것에 의지함으로써 공동의 목표를 성취하고 창의적으로 운영되는 팀을 만들라는 의미다. 이런 조직의 리더는 팀 내의 모든 사람들의 말에 귀를 기울이며 모두의 아이디어와 통찰을 존중하고 고려하여 팀과 조직에 가장 유익한 결정을 내린다. 그리하여 리더를 비롯해 개인 혼자서는 달성할 수 없는 수준까지 목표를 성취해낸다.

사실 조직이 잘 굴러가고 최상의 상태를 유지할 때는 리더가 없어도 되거나 아예 필요하지 않은 것처럼 보이기도 한다. 한때 구글도 이렇게 생각했었다. 구글은 2008년 '구글 옥시즌 Google Oxygen' 프로젝트에서 위대한 관리자를 만드는 요인을 연구했다.[1] 구글은 이 연구를 통해 관리자가 조직의 성공에 그리 큰 영향을 미치지 않는다는 사실을 증명하고자 했다. 특히 초기에 구글의 조직문화는 근본적으로 기술적 지식과 창의성을 중시했다. 반면에 리더십과 조직 관리는 필요악이거나 기껏해야 불필요한 관료제에 불과하다고 생각했다.

하지만 구글은 놀랍게도 리더의 행위가 조직의 생산성과

조직 구성원들의 삶의 질에 중요한 영향을 미친다는 사실을 발견했다. 가장 성공적이고 높은 평가를 받는 리더들은 공통적으로 다음의 세 가지 행동을 보였다.

— **코칭**: 훌륭한 리더는 시간을 내서 자신의 팀원을 만나고 신뢰를 구축한다. 또한 팀원 개개인의 도전 의식을 북돋워주며 코칭해준다. 팀원 모두가 저마다의 커리어를 계발할 수 있도록 진심 어린 배려를 한다.

— **권한 위임**: 훌륭한 리더는 팀에 권한을 위임하고 일일이 간섭하지 않는다. 팀을 지도하고 지원하며 팀원들이 팀에서 필요한 일을 해내리라 신뢰하고, 상당한 자유를 부여한다. 훌륭한 리더는 팀의 성공에 필요한 것들을 제공하면서도 지나치게 세세하게 관리하여 팀의 기능을 방해하는 일이 없도록 조심한다.

— **경청**: 훌륭한 리더는 포용적인 환경을 조성하고 팀원 각각의 의견에 귀를 기울여서 조직의 성공과 개인의 삶의 질을 끌어올리는 것에 대한 관심을 표현한다. 팀의 성공과 회사의 성공, 개인의 삶의 질 사이에 내재하는 긴장 관계를 인식하면서 이를 해결하고 모든 수준에서 성공할 방법을 찾아낸다.

타인에게 의지하라

구글이 연구에서 밝혀낸 사실은 내가 정의한 리더의 세 가지 역할—첫 번째 수련 '일을 사랑하라'에서 언급한—인 생각과 경청, 충실과 상당히 비슷하다. 여러분이 어떤 용어를 선호하든 이 세 가지 역할 혹은 행위는 우리 안의 세 유인원이 미칠 수 있는 부정적인 영향을 보완하고 극복할 방법을 반영한다. 리더는 자동적인 반응과 지나친 관리를 피하고 팀원들의 목소리를 경청하여 팀에 가장 좋은 방법을 전략으로 도출한다. 또한 유대와 공감 능력을 키워서 혼자서 팀의 모든 일을 다 하려고 하는 경향을 피한다.

°

저항: 관계의 바다에서 홀로 헤엄치기

거울에 비친 우리의 모습은 고독하고 단절되어 보인다. 땅 위로 솟아 있는 포플러 나무가 한 그루처럼 보이는 것과 같은 신기루 현상이다. 포플러 나무들은 땅속에서 거대한 뿌리로 얽혀 있다. 마찬가지로 우리의 다섯 손가락은 따로 움직이지만, 이들은 하나의 손이라는 체계의 일부다. 이런 특성은 인간에게도 그대로 적용된다. 선에서는 인간이 물과 우유와 같다고 표현한다. 이 둘을 섞으면 정확히 둘로 분리되지도 않지만, 그렇다고 한 종류의 액체로 완전히 섞이지도 않기 때문이다.

우리는 관계의 바다에서 헤엄친다. 파트너와 자녀, 부모, 형제, 상사, 동료 등을 비롯해 온갖 사람들이 내 주변의 세상을 구성한다. 우리는 집과 전기, 옷, 음식 등 주변을 둘러싼 모든 물리적 · 물질적 자원을 얻을 때 다른 사람에게 의지한다. 심지어 우리가 들이마시는 맑은 공기나 그리 맑지 않은 공기도 타인에게 의지한다. 가족의 건강, 공동체, 정치 체계, 지구 환경에 이르기까지 세상의 모든 측면은 상호 의존적이다.

상호 의존성은 우정이나 사랑, 음식, 옷 등 눈에 분명하게 보이는 물리적 실체를 넘어선다. 음악과 수학, 정치, 과학, 예술, 윤리, 신념, 사상의 영역에서도 우리는 타인에게 의존한다. 우리 대부분은 결코 혼자서 지구가 태양 주위를 공전한다는 사실을 증명하지 못한다. 실존주의나 언어, 인터넷은 결코 한 명의 힘으로 창조된 것이 아니다.

인간은 철저히 근본적인 수준에서 존재와 정체성, 가치, 생각하는 법, 자신과 세계를 경험하는 법을 서로 의존한다. 가족과 친구, 공동체, 교육, 종교, 사회가 우리의 정체성을 형성하고 영향을 미친다. 인간이 사상과 신념, 공동체 망에 의존하는 수준은 눈에 보이지 않기 때문에 제대로 인식하기 어렵다.

하지만 이상하게도 우리는 독립성을 중시한다. 마치 일류가 되려면 손 전체가 아니라 손가락 하나를 들어 올리는 것이 제일 중요하다는 듯이 행동한다. 스스로 책임지고 알아서 해야 하며, 남자든 여자든 생계나 행복을 위해 남의 신세를 지지 않고 자수성가해야 한다고 생각한다. 물론 개인적인 힘과 자신감, 자립은 인간으로서 달성해야 하는 훌륭한 특성이지만 그것만 외따로 존재하지는 않는다. 조직이 성공하려면 훌륭한 관리자가 필요하다는 사실을 구글이 깨달았듯이, 개인의 독립성을 성공적으로 발휘하려면 그보다 더 큰 공동체의 도움이 있어야 한다.

이것이 사실이라면 우리는 왜 그렇게나 자주 상호 의존의 중요성을 잊어버리거나 타인에게 의존하지 않으려 하는 것일까? 무엇보다 우리가 의존적인 존재라는 사실을 깨달으면 두려워지기 때문일 것이다. 타인에게 의존하면 그만큼 타인으로부터 실망하고 상처받아서 고통을 겪을 가능성이 따른다. 사업상의 관계나 개인적 관계, 가족 관계 등 모든 관계에는 기대감이 녹아 있다. 내가 할 수 없는 일을 상대가 도와주고, 정서적으로 지지해주며, 나라는 존재를 받아들여주고 사랑해주리라는 기대감 말이다.

우리는 타인에게 의존할 때 스스로를 취약하다고 느낀다. 타인은 우리의 기대를 저버리거나 상실감과 고통을 불러일으킬 수도 있다. 우리는 그 누구도 자발적으로 다치고 싶어 하지 않는다. 그렇다 보니 우리는 의존 자체를 회피하거나 우리 안의 의존성을 인정하지 않으려고 한다. 하지만 이런 태도로 행동하면(정확히 표현하자면 이렇게 행동할 때) 공동체나 나를 지지하는 사람들을 성찰하고 그들에게 나 역시 도움이 되고자 하기보다는 상처받지 않으려고 방어하는 자세를 취하게 된다.

게다가 관계를 맺는다는 것은 어떤 면에서는 통제력을 잃는다는 뜻이다. 타인은 나와 목적이 다르거나 목적을 달성하는 방법에 대한 생각이 다를 수 있다. 그렇다 보니 누군가의 조력과 더불어 일을 해나가고자 할 때, 타인의 동의를 얻거나 협력하거나 공동 작업을 하기가 힘든 경우가 생기곤 한다. 오히려 혼자일하는 편이 쉬워 보이기도 한다. 자신의 전문성을 믿는 사람은 일을 해낼 유일한 방법 혹은 제일 좋은 방법이 자기 식대로 하는 것이라고 믿고 논쟁이나 협상, 타협을 회피한다.

여섯 번째 수련인 '타인에게 의지하라'는 많은 저항을 불러올 수 있다. 불안한 유인원은 취약해지고 싶지 않아서 모든 형태의 의존을 거부할 때가 많다. 상상력이 풍부한 유인원은 무엇인가 잘못되거나 부족할지도 모른다는 온갖 이야기를 상상하고 최악의 시나리오를 떠올린다. 타인에게 의지했을 때의 위험 요소는 대단히 많아서 끝없이 말할 수 있지만, 대부분 몇 가지 단순한 두려움으로 요약된다. 이를테면 이런 두려움들이겠다. 타

타인에게 의지하라

인에게 의지하면 상대가 돌연 위협적인 요소로 변하여(그가 행동하거나 행동하지 않음으로써) 우리를 힘들게 만들거나 해칠지도 모른다. 타인은 결국 더 나은 직업이나 파트너를 찾아서, 어쩌면 병이나 죽음으로 우리를 버리거나 떠나서 우리를 절망에 빠뜨릴 것이다.

이유가 무엇이든 간에 관계로부터 자신을 보호하려는 행동 방식은 우리가 쉽게 인식할 수 있다. 우리는 타인에게 의지하고 싶은 느낌과 마음을 외면한다. 타인이 내게 정확히 그렇게 할까 봐 두려우면서도 말이다.

· 관계나 집단에 완전히 전념하지 않는다.
· 강인하고 독립적인 사람이 되어 관계나 집단이 별로 필요하지 않다는 것을 보여주고 싶어 한다.
· 더 나은 관계(더 나은 직원, 파트너, 친구)나 직업을 끊임없이 탐색한다. 즉, 분산으로 위험을 줄이고자 한다.

이런 행동들의 결과, 결국 단절이 심화되고 유대가 줄어든다. 도움을 거부하는 이와 같은 행동들은 우리로 하여금 우리가 실제로 타인으로부터 받을 수 있는 도움의 기회를 줄어들게 만들고, 이로 인해 우리의 힘은 약해진다. 실망과 마음의 상처를 회피하고자 자기 보호라는 이름으로 더 큰 풍요로움을 희생해 버림으로써 우리의 존재는 얄팍해진다. 이런 방식으로 독립성에 접근하면 실제로 우리가 원하는 결과를 얻기가 어려워진다.

기업에서 리더는 역할상 늘 이런 딜레마를 겪는다. 리더는 팀원들에게 실망하고 나쁜 결과를 얻을까 봐 두려워한다. 따라서 나는 타인에게 의지하는 것이 여러모로 마음챙김의 가장 중요한 측면을 정의한다고 본다. 타인에게 의지하려면 지금까지 이야기한 여섯 가지의 마음챙김 수련을 모두 갈고닦아야 한다.

이와 관련한 긍정적인 사례 하나를 소개하겠다. 나는 내면 검색 리더십 연구소의 최고경영자일 때 자유 휴가 정책을 시작했다. 직원들이 아무 제한 없이 원하는 만큼 시간을 쓸 수 있다는 뜻이었다. 전제가 있다면 자신에게 주어진 업무를 모두 완료하고, 조직에서 합의한 목표나 성과 기준을 만족시키거나 초과해야 한다는 것뿐이었다. 직원들끼리 자율적으로 휴가 일정을 조정하는 과정만 있었을 뿐, 조직 내에서 누군가가 휴가를 승인하는 과정은 없었다. 이는 개인적으로나 조직문화적인 측면에서나 내게 중요한 일이었다. 나 역시 나의 휴가와 관련해서 누군가가 속속들이 알기를 원치 않았기 때문이다. 나는 지지와 신뢰를 받고 싶었고 내가 그러기를 바랐던 만큼 다른 사람들도 똑같이 대하고 싶었다.

처음에는 나도 이 정책을 시행하는 것이 불안했다. 직원들이 이 정책을 남용할지도 모른다는 생각도 들었다. 내가 목표를 달성해야 한다는 절박함이나 책임감 있는 조직문화를 조성해야겠다는 의지가 없는 리더 혹은 만만한 사람으로 보일까 봐 걱정됐다. 이 불안감은 몇 달간 계속됐고, 실제로 직무를 제대로 수행하지 않아서 내보내야 했던 사람도 몇 명 있었다. 하지만 결국 이 정책을 비롯해 몇 가지 정책이 직원들에게 자율권과 많은 자유를 주었고, 이는 역동적이며 생산적이고 배려하는 조직문화를 형성하는 데 도움이 됐다. 대다수의 직원들은 정책을 남용하지 않았고 오히려 충분히 휴가를 내지 않는 경향을 보였다. 내가 나서서 직원들에게 휴가를 떠나라고 재촉할 정도였다. 직원들은 기준을 뛰어넘는 높은 열정으로 자신의 일을 완수하고 조직을 위해 전념했다.

　　자유 휴가 정책을 시행하면서 얻은 또 한 가지 교훈은 리더가 개방성과 신뢰를 보여주면 조직 구성원들은 달성하기로 협의한 결과에 대해 더 의식하고 이를 위해 자신에게 주어진 자유를 절제하게 된다는 사실이었다. 또한 성과를 달성하지 못했을 때 서로가 한층 더 책임 있고 어려운 대화를 해야 한다는 점도 알게 됐다. 이처럼 타인에게 온전히 의지하면 역설적이고 뒤섞인 결과가 뒤따른다. 명확성과 책임, 목표의 달성을 장려하면서도 동시에 더 큰 자유와 자율권이 발생하는 것이다.

함께, 그리고 홀로 명상하기

구글의 엔지니어들은 마음챙김 명상에 관해 이런 질문을
제일 자주 했다.

"변화를 일으키려면 최소한 얼마나 명상을 해야 합니까?"

이런 질문을 받으면 나는 다수의 과학적 연구에서 명상의 효과를 측정한 결과, 8주간 하루 20분씩 하는 것이 기본이었다고 대답한다. 물론 그보다 훨씬 짧은 명상으로도 뇌 구조와 행동 패턴에 영향을 줄 수 있다고 보는 연구 결과도 있다. 내 경험상 매일 한 번만 마음챙김 호흡을 하더라도 변화가 일어난다.

구글의 엔지니어들이 두 번째로 자주 하는 질문은 이것이다.

"마음챙김 수련을 매일 꾸준히 하려면 어떻게 해야 할까요?"

나는 이 질문에 다른 사람과 함께 마음챙김 수련을 하라고 대답한다. 함께 정좌할 사람이나 그룹을 찾는 것이 좋다. 일주일에 한 번만 함께하더라도 수련에 크게 도움이 된다.

달리 말하면 명상과 마음챙김도 타인에게 의지하는 셈이다. 나는 스물두 살에 샌프란시스코 선원에서 처음으로 새벽 아침 명상에 참여하면서 이 말의 효용을 경험했다. 당시 나는 선원에서 몇 킬로미터 떨어진 샌프란시스코 선셋 지구에 살았는데, 새벽 5시 25분 명상에 참여하려면 5시부터 운전해서 시내를 가로질러 선원까지 와야 했다. 어느 날 나는 선원에 도착해 명상 강당으로 걸어와서 벽을 보고 검은 방석에 앉았다. 내 자리 왼쪽에는 내 나이의 두 배 정도 되어 보이는 여성이 앉았다. 옅은 갈색 망토를 입은 여성이었다. 강당에서는 30분짜리 명상을 두 번에 걸쳐 진행했고, 그 사이에 10분 걷기 명상을 했다. 두 번째 명상이 끝나면 위층으로 올라가서 20분간 챈팅(만트라 등의 구절을 소리 내어 읊는 것)을 한다. 그다음 선셋 지구에 있는 나의 아파트로 돌아왔다.

다음 날 아침, 여느 때처럼 샌프란시스코의 조용한 새벽 거리를 운전해서 선원에 도착해 명상 강당에 들어가 같은 자리에 앉았다. 왼쪽에는 옅은 갈색 망토를 입은 어제 그 여성이 앉아 있었다. 그리고 그다음 날 아침 알람이 울릴 때, 나는 왠일인지 피곤한 마음에 새벽 명상에 가지 않고 그냥 침대에 누워 더 자고 싶었다. 그러다 생각했다. '내 옆에 앉았던 갈색 망토를 입은 여자가 날 보고 싶어 하겠군.' 그런 생각을 하며 약간 심리적으로 저항한 끝에 나는 침대에서 일어나 새벽 명상에 참석했다. 그리고 명상 강당에는 그 여성이 앉아 있었다. 그저 나의 상상이었지만, 그녀가 내게 의지한다고 가정했더니 매일 새벽마다 정좌 수련을 하는 습관이 자리 잡는 데에 도움이 됐다. 아마 나의 존재 역시 그녀에게 도움이 됐을 것이다.

매일 명상 수련을 시작한 첫해에 샌프란시스코 선원이나 타사하라, 혹은 그린 걸치 농장에서 나는 늘 보통 40~60대에 해당하는 사람들과 함께 앉았다. 나는 사람들이 명상 수련을 하는 동기나 이유가 저마다 다양하다고 교육받았다. 그러나 이유와 동기가 어떻든 명상 수련의 핵심은 내면의 힘을 키우고 이기

타인에게 의지하라

적인 자아로부터 해방되는 것이었다. 여기에 또 다른 두 가지 중요한 요소를 더할 수 있다. 바로 우리는 타인의 수련을 도우려고 명상한다는 사실이다. 우리의 존재와 의도가 타인을 돕는다. 또한 그들을 도울 그릇을 키우기 위해 한층 깊이 있게 경청하고 대응력을 계발해야 한다.

명상과 마음챙김은 개인적인 성과만 추구하지 않으며 혼자 노력해서는 달성할 수 없다. 그것은 리더십도 마찬가지다.

마음챙김 실천하기

혼자 명상 수련을 꾸준히 실천하기가 어렵다면 함께할 친구를 찾아서 매일 아침 함께 정좌한다. 직접 만나도 좋고, 직접 만나지 않더라도 명상 수련을 진행한다는 사실을 서로 공유해도 괜찮다. 일주일에 한 번이라도 함께할 그룹을 찾는 것도 좋다. 매주 한 번씩 다른 이와 함께 정좌하면 매일 꾸준히 수련하는 데 큰 도움이 된다.

당신의 참여에 의지하는 사람이 있으면 당신도 명상 수련을 꾸준히 할 확률이 높아진다. 또한 함께 정좌하면 더 폭넓은 명상을 경험할 수 있으며, 수련에 대한 전반적인 목적과 의도가 더욱 활짝 열린다. 우리는 자신을 위해 수련하지만, 함께 정좌하면 타인을 위해 수련한다는 사실도 깨닫게 된다. 내 의도와 존재가 타인의 의도와 존재를 지지한다는 사실을 인식하자.

리더십은 공동체를 만들고 사람들에게 권한을 위임한다

사람들은 전적으로 혼자 행동하고 필요한 일을 무엇이든 알아서 해내는 것이 리더십이라고 생각한다. 대중문화에서는 제임스 본드에서부터 〈아토믹 블론드〉의 샤를리즈 테론, 애플의 전 최고경영자 스티브 잡스에 이르기까지 혼자 행동하는 독립적인 영웅의 이미지를 부각한다. 내가 최고경영자로서 출판사 브러시 댄스와 ZBA 어소시에이츠를 설립하고 성장시킬 때에도 마찬가지였다. 나는 모든 것을 혼자 해내려는 욕구와 성향이 강했다. 선원 식당에서 조직을 이끌었던 경험을 쌓았음에도 불구하고 내가 타인에게 의지하고 끊임없이 팀원에게 권한을 위임하며 자신감을 키워온 것은 불과 겨우 몇 년 전부터 가능했다.

독립적인 리더에 대한 일반적 인식을 흔들기란 쉽지 않으며 이는 나쁜 습관으로 이어지기 쉽다. 나는 지금도 그러한 인식을 해소하고자 노력 중이다.

예를 들어 몇 년 전, 나의 친구와 동료들은 내게 그리 길지 않게 진행되는 주간 명상 모임을 진행하고 싶다고 했다. 그들은 꾸준한 명상 수련을 원했고, 주간 모임에 참여하면 꾸준히 명상 수련을 하는 데에 도움이 될 것 같다고 생각했다. 나는 이들의 생각에 진심으로 동의했고 나의 고향에서 '밀 밸리 선Mill Valley Zen'이라는 명상 모임을 시작했다. 이 활동을 이끌면서 다른 이들을 돕는 것은 내게 자연스러운 일이었다.

나는 마을 회관을 명상 장소로 대관하고 매주 수요일 밤에 모임을 진행했다. 내가 주도적으로 명상을 지도했고 명상이 끝나면 형식에 얽매이지 않고 대화와 토론을 진행했다. 그렇게 몇 달이 지나자 이직을 했거나 새로운 관계를 시작했거나 혹은 일상이 바쁘다는 등의 여러 가지 이유로 한 사람씩 명상 수련 모임을 그만두더니 어느 순간 초기 멤버는 모두 발길을 끊었다. 대신 이 모임에 다른 새로운 사람들이 참여했다. 그렇게 작은 공동체가 진화했다.

나는 전업으로 하는 일이 있었지만 명상 모임 리더라는 역할을 진지하게 생각했다. 매주 모임에서 말할 내용을 준비하거나 가끔 선 관련 도서들을 찾아 읽기도 했다. 매주 대관료를 지불하고, 모임이 시작하기 전 모임 장소에 나가 문을 열었으며, 기부금을 모금했고, 모임이 끝나면 장내를 정리하고 마지막으로 문을 잠갔다. 개인적인 일정으로 명상 모임에 참석하지 못하게 될 때는 경험 있는 강사를 섭외하여 나 대신 모임을 지도하게 했다.

그렇게 몇 년이 흘렀다. 그러는 사이 이 모임이 내 삶의 자양분이 된다고 생각하면서도 품이 많이 든다고 느낄 때가 종종 있었다. 모임을 운영한 지 7년째가 되던 해, 이 모임이 내게 버겁다고 느껴졌다. 어느 날 수요일 저녁, 나는 사람들에게 이 명상 모임을 오랫동안 혹은 영원히 쉬어갔으면 좋겠다고 말했다.

며칠 후 명상 모임의 멤버 한 사람이 내게 이메일을 보내왔다. 다음 수요일 모임 이전에 저녁 식사를 함께하자는 내용이었다. 저녁 만찬에는 여덟 명의 멤버가 참석했는데 다들 내가 이 모임을 그만두는 것을 받아들일 수 없다고 했다. 내가 다른 책임은 지지 않고 그저 명상 지도만 맡아줬으면 좋겠다고도 했다. 그들은 나 대신 모금으로 모인 주간 기부금으로 대관료를 지급하기로 했다. 참가자들이 직접 명상 모임이 이뤄지는 장소의 문을 여닫을 수 있게 열쇠를 가져갔고, 내가 부재할 때에는 돌아가며 모임을 이끌기로 합의했다. 그들은 내가 언제든

타인에게 의지하라

지 가능할 때마다 모임에 나와서 마음챙김과 명상 수련을 가르쳐주기를 바랐다.

나는 이렇게 바뀐 상황이 놀라우면서도 감동스러웠고 행복했다. 커다란 깨달음의 순간이었다. 그때까지 나는 아무 생각 없이 이 모임의 모든 것을 혼자 운영하고 관리하려고 했다. 내가 타인에게 의지하기를 회피한 결과, 모임의 성장을 저해하고 있었다는 사실을 인식하지 못했다. 독립성에 대한 편견 때문에 알지도 못하는 사이에 멤버들의 의지를 과소평가한 셈이다. 혼자서 일해야 한다는 생각에 자주 빠지는 습관이 이런 역학에 포함된다. 나는 두려움—다른 사람으로 인해 좌절하고 실망할지도 모른다는 두려움—때문에 지배의 권한을 내려놓지 못했다.

그날 밤 밀 밸리 선은 공동체로 탄생했다. 내 모임에서 우리 모임으로 발전했다. 의지하지 않다가 의지한 결과, 관계가 변했고 밀 밸리 선 공동체가 바뀌었다.

자녀 양육과 리더십에도 이와 비슷한 역학과 패턴이 작용한다. 아이들이 어렸을 때를 되돌아보면, 나는 아이들에게 너무 많은 것을 해주는 한편, 아이들로부터는 그들이 무언가를 해내기를 그다지 기대하지 않았던 경향이 있었다. 그러다가 아침에 아이들을 깨우는 것을 그만두고 알아서 일어나길 기대했더니 아이들의 책임감이 높아졌다. 그러다 아이들이 나이가 들고 세상을 살아나가는 자기들만의 방식을 찾을 무렵이 되자, 내 안에서 아이들을 도와주고 싶은 성향이 또 한 차례 발동했다. 그럴 때마다 나는 아이들과의 관계에 있어 '자립할 수 있게 지지한다'라는 원칙을 떠올린다. 덕분에 아이들이 올바로 성장할 수 있도록 곁에서 지지하는 방법을 명확히 정하는 데 상당히 도움이 됐다.

나는 리더로서 지금도 조직 구성원들과 상호 의존하고 이들과 책임감을 공유하려고 하기보다 혼자서 일을 처리하고 다른 사람의 일을 대신하려는 성향 때문에 애를 먹곤 한다. 여기서 이 책에서 제시하는 여섯 번째 수련의 중요한 이점이 등장한다. 독립적이어야 한다는 '당위'를 내려놓고 타인에게 의지하면 우리는 자립적인 공동체를 만들 수 있다.

마음챙김 실천하기

당신에게 의지하고 있는 사람들이 누구인지 간단히 확인해보자. 다른 사람들이 당신에게 의지하는 방법이 무엇인지 인식하고 적어보자. 동시에 당신이 다른 사람에게 어떻게 의지하는지도 인식하고 깊이 생각해본다.

서로 주고받는 도움들에 관해 곰곰이 생각하고 이를 완전히 받

타인에게 의지하라

아들인다. 당신의 삶이 다른 사람들의 도움으로 인해 안전하다는 사실을 자연스럽게 느끼고, 다른 사람들 역시 그럴 수 있도록 당신이 다른 사람들에게 건넨 도움의 방식들도 인식한다. 그 결과 얻은 의미와 삶의 풍요로움을 생각하며 일기에 적어본다. 이 세상에 완벽한 사람은 없다. 타인은 당신을 절망하게 하며, 당신도 타인을 절망하게 한다. 그것은 중요하지 않다. 지금 가장 중요한 관계가 당신의 삶에서 어떤 역할을 하든 그저 그 존재를 감사히 여기자.

팀워크는 일하는 스타일을 이해한다는 뜻이다

어떤 집단이나 공동체든 다 마찬가지이지만, 특히 일터에서는 구성원들이 서로의 강점과 약점, 성향을 이해하면 크게 도움이 된다. 이에 대한 개인적인 선호의 차이나 한계가 존재하더라도 구성원들 각각의 성향이 어우러져 강한 팀을 구축할 수 있다는 것은 팀워크에서 매우 중요한 측면이다.

이 작업은 당연히 당신 자신에서부터 시작한다. 당신의 리더십이나 일하는 스타일은 어떤가? 본인에게 특유의 스타일이 있다는 것을 인식하고 있는가? 아래에서 소개하는 네 가지 업무 스타일을 한번 검토해보자. 당신을 가장 적절하게 묘사하는 항목이나 조합은 무엇인가? 물론 맥락이나 필요에 따라 아래의 모든 유형을 보일 수 있지만, 일반적으로 당신은 어떤 성향에 가까운가? 뚜렷한 스타일은 무엇인가?

— **선구자:** 활발하게 상상하고 아이디어가 넘치며 과감한 아이디어를 자주 낸다. 비전을 달성하기 위해 사람들을 모으는 것을 좋아한다. 비전을 품고 나아가면서 큰 힘을 얻는다.

— **조직자:** 일을 질서 있게 정리하고 싶어 한다. 프로세스와 체계를 만들고 과정을 추적하는 것을 좋아한다. 감독하거나 조직, 추적하며 체계를 형성하면서 힘을 얻는다.

— **사교가:** 주된 관심사는 사람이다. 사람들과 협업하고 사람을 이해하고 돕기를 좋아한다. 사람들과 함께하면서 에너지와 만족감을 얻는다.

— **행동가:** 일 처리를 우선시한다. 할 일의 목록을 지워나가고

프로젝트를 완료하는 것, 새로운 일을 시작하는 것을 좋아한다.

자신의 뚜렷한 스타일을 발견했다면, 이번에는 아래의 질문에 대한 대답을 일기에 적어보자.

1. 나의 역할에서 무엇이 특별하고 중요한가?
2. 내가 하는 일이나 성취 중에 다른 사람들이 알아줬으면 하는 부분은 무엇인가?
3. 다른 사람이 나의 역할을 잘못 이해하거나 진가를 제대로 인정하지 못하는 부분이 있는가?

이 연습의 핵심은 당신을 특정한 유형으로 정의하는 것이라기보다는 조직이 제대로 기능하려면 필요한 네 가지 필수적인 관점을 깊이 생각해보는 것이다. 모든 조직에는 네 가지 관점이 필요하지만, 네 가지 특성에 모두 뛰어나고 이 모든 특성을 즐기는 사람은 거의 없다. 각 관점은 저마다 중요한 목적을 달성하며, 조직에서는 직책에 정식으로 포함하는 방식으로든 전반적인 기대감을 형성하는 방식으로든 이런 책임을 조직원들에게 역할로 맡긴다. 선구자는 조직이 크고 숭고한 목적을 향해 나아가길 원하며, 조직자는 선구자에게 의지해서 노력해야 할 목적을 부여받는다. 체계가 없으면 선구자는 조직을 혼란으로 몰고 갈 것이다. 또한 모든 집단에는 협상과 타협, 협력이 필요하므로 구성원들의 동의를 이끌어내고 관리할 사람이 필요하다. 그런 사람이 없으면 아무런 일도 진행되지 않는다. 마지막으로 생각과 말, 전략 수립에 덧붙여서 자기 손으로 필요한 일을 해낼 사람도 있어야 한다.

마음챙김 실천하기

직장이나 공동체, 가족 등 나와 더불어 일하거나 함께하는 집단을 생각해보자. 그리고 각 집단의 구성원들이 저마다 어떤 '유형'으로 일하는지 살펴보자. 당신의 유형은 어떤지 찾아내봐도 좋다. 그다음 이 집단이 균형 잡히고 완전한지 생각해보자. 조직이 원활하게 운영되기 위해 필요한 역할이 모두 구성되어 있는가? 부족한 부분이 있다면 어떤 역량이 부족할까?

타인에게 의지하라

협력은 규범을 이해한다는 뜻이다

　최근 기업들이 마음챙김에 큰 관심을 보이게 된 데에는 많은 이유가 있다. 내가 생각하는 중요한 이유 한 가지는 성공과 창의력, 협력하는 능력―원 팀으로서 효과적으로 서로 신뢰하고 지원하는 능력―사이에 강력한 상관관계가 있다는 인식이 높아졌기 때문이다. 구글의 한 기술 관리자는, 팀에 정말 똑똑한 사람이 있는 것도 중요하지만 그보다는 팀원이 상호작용하고 서로 신뢰할 방법, 갈등을 건전하게 해결해나갈 방법을 찾는 것이 더 중요하다고 말했다. 상호 의존하면 팀 내에 발생한 문제를 풀 해결책을 발견하고 생산적인 결과를 창출할 수 있다. 이는 내가 선원 식당에서 일하며 얻은 교훈과 일맥상통한다. 마음챙김 수련―자기 인식을 계발하며 호기심을 품고 관대한 자세를 취하는 수련―은 성공적인 협력의 핵심 요소로 판단된다.

　협력은 최근 기업들의 좌우명으로 부상했다. 2016년《하버드 비즈니스 리뷰Harvard Business Review》에 발표된 〈협업 과부하Collaborative Overload〉라는 제목의 논문은 이런 관찰과 통계를 제시하며 시작한다.

협력이 일터를 장악하고 있다. 기업에서 세계화 및 교차 기능 현상이 심화하면서 부서 이기주의가 붕괴하고 연결성이 증가하며, 팀워크가 조직 성공의 핵심으로 대접받고 있다. 우리가 수집한 지난 20년간의 데이터에 따르면 관리자와 직원이 협업 행위에 쓴 시간은 50퍼센트 이상 대폭 증가했다.[2]

구글은 훌륭한 리더십의 효용을 확인하고 2012년 '아리스토텔레스 프로젝트Project Aristotle'라는 연구에 착수했다.[3] 그들은 성과가 낮은 팀과 보통인 팀, 그리고 대단히 일을 잘하는 팀이 생기는 이유를 알아내고자 했다. 구글은 대규모로 데이터를 수집하여 이를 바탕으로 완벽한 팀을 이루는 요인을 알아내려 했다. 연구팀은 1년 이상 데이터를 들여다보고 사내 다양한 부문의 180여 개 팀을 대상으로 팀원 인터뷰를 하며 패턴을 탐색했다.

연구를 진행하던 초기에 연구자들은 당혹스러워했다. 그렇게 데이터를 많이 수집했음에도 불구하고 집단의 성과를 차별화시키는 요인을 이해하는 데 도움이 될 만한 의미 있는 정보는 극히 적었기 때문이다. 그들은 자신들이 설계한 설문이 틀린 것은 아닌지 의심했다. 그러다가 인터뷰를 진행하면서 함께 일하는 사람들 사이에 존재하는 소위 '규범'을 발견했다. 연구에 따르면 합의나 불문율을 뜻하는 규범을 통해 기대가 형성되고, 사

타인에게 의지하라

람들의 상호작용을 좌우하는 행동 기준이 수립된다. 이 규범은 사람들이 열망하거나 원하는 바를 표현하는 행동이 아니라 업무 현장에서 실제로 이뤄지는 행동 방식을 정의하는 실측 현실에 해당한다. 규범은 기업문화를 규정하고 궁극적으로는 서로가 얼마나 신뢰하며 자신의 취약함을 드러내고 의지해도 되는지, 팀이 기능하는 수준은 어느 정도인지 그 기준을 결정한다. 각 집단은 고유한 규범을 형성하며 규범은 집단에 따라 달라지기 마련이다.

선원 식당에서는 마음챙김 수련이 규범에 영향을 미쳤다. 우리가 선원에서 수련하는 수련생이었기 때문이다. 우리는 당연히 우리 팀(선원 식당의 주방)이 식당의 전체 목표 및 팀원 저마다의 활동을 잘 뒷받침하고 있는지에 관심을 기울였다. 내가 '실재presence'와 '구체화embodiment'라고 생각하는 개념이 여기에 포함된다. 이 두 개념은 구성원들의 말과 가치, 마음, 몸짓, 행동이 조직의 추구하는 바와 얼마나 정렬되는지, 구성원들이 얼마나 서로를 배려하고 걱정하면서 소통하는지, 얼마나 개방적으로 피드백하는지, 어떤 부분이 얼마나 취약한지 판단하는 개념이다.

오늘날 각 기업이나 비즈니스 세계에서 통용되는 규범들은 대부분 마음챙김 수련의 영향을 받지 않는다. 그래서 마음챙김 리더십이 꼭 필요하다. 우리는 직접적으로 경험한 사례와 각고의 노력을 통해 마음챙김 규범을 만들어 집단 내부의 구성원들이 협력하고 상호작용함으로써 일하는 방식을 개선할 수 있다. 이 책에서 제시하는 일곱 가지 수련을 활용하고 구글이 아리스토텔레스 프로젝트를 통해 밝혀낸, 높은 성과를 올렸던 팀들의 규범을 참조하여 각 조직에 맞는 규범을 창조하면 된다. 구글이 펴낸 최종 보고서에 따르면 이런 긍정적인 규범에는 심리적 안전, 구조의 명확성, 의존성, 의미, 그리고 영향력 등이 포함된다.

— **심리적 안전**: 높은 성과를 올린 팀의 팀원들은 다른 팀원에 대해 높은 수준의 신뢰를 보여줬다. 이들은 토론할 때 한 사람이 토론을 독점하지 않는다. 토론 시간에 팀원 모두 동일한 발언권을 갖고 장황하지 않게 자신의 의견을 말한다. 또한 감정을 읽는 능력을 측정한 결과, 높은 성과를 올린 팀의 팀원들은 높은 수준의 감성지능을 보여줬다.

어떻게 보면 모든 마음챙김 수련은 심리적 안전을 향상시켜주는 도구다. 모든 사람에게는 개방성과 호기심, 취약성이 존재한다. 일터에서 심리적 안전을 보장하는 환경이 조성되면 구성원들은 자신이 겪는 어려움을 쉽게 드러낼 뿐만 아니라 타인의 어려움에도 쉽게 교감한다.

— **구조의 명확성:** 높은 성과를 올린 팀은 팀의 목표 및 팀원 각자의 역할이 명확했다. 이 부분은 내가 리더로 있었던 선원 식당에서 뛰어났던 측면이기도 하다. 우리는 명확한 목표를 세우고 각자에게 구체적인 임무를 배정했다. 이는 조직에서 당연히 해야 할 일 같지만 그 필요성에도 불구하고 많은 조직이 이 일에 관심을 기울이지 않는 경우가 많다. 팀원 각자가 자신이 맡은 일에서 성공을 경험하는 것이 그 자신과 팀 전체에 어떤 의미일지 정확히 파악해야 한다.

— **의존성:** 합의를 존중하고 마감과 기대치에 관해 명확하게 의사소통했다. 내면 검색 리더십 연구소의 자유 휴가 정책을 비롯한 내 경험에 따르면 이를 위해서는 보고서나 측정, 피드백 등 일정한 체계를 갖춰야 한다.

— **의미:** 높은 성과를 올린 팀의 경우 팀에서 목표로 했던 일들이 팀원 모두에게 개인적으로 중요한 의미가 있었다. 리더 및 모든 팀원은 무엇이 의미 있는지 계속해서 정의해야 하고 저마다가 열망하는 바와 성공과 실패에 대해 꾸준한 대화가 이뤄져야 한다. 리더가 팀원에게 영감을 주어야 한다는 뜻이다. 그것은 요리를 하든, 검색엔진을 코딩하든 마찬가지다. 이것은 개인의

성장과 삶의 질을 끌어올리는 일에 집중하는 것을 팀의 원칙으로 삼는다는 뜻이기도 하다.

— **영향력:** 높은 성과를 올린 팀의 경우 팀에서 목표로 하는 일에 대해 팀원들의 목적의식이 분명했다. 그리고 자신들이 하는 일이 긍정적인 영향을 미친다고 간주했다. 협업을 통해 팀원 각자와 팀 전체가 목표로 하는 바가 어떻게 더 나아지는지, 해당 팀이 회사 전체에는 어떤 영향을 주는지, 자신이 속한 조직이 고객과 사회에 어떤 영향을 주는지 등 다양한 수준에서의 영향력을 긍정적으로 경험해야 한다.

> **마음챙김 실천하기**
> 일터에서 당신의 팀은 심리적 안전, 구조의 명확성, 의존성, 의미, 영향력 등의 측면에서 어떻다고 설명할 수 있는가? 어떤 점을 잘하고 있고, 어떤 점에 더 관심이 필요한가? 팀원들이 보다 더 성공적으로 협력할 수 있도록 지원하려면 리더로서 당신과 팀은 무엇을 바꾸고 조정해야 하는가?

타인에게 의지하라

회의에서 마음챙김 리더십 실천하기

아아, 애증의 회의! 내가 회의를 언급할 때마다 사람들은 눈을 굴리거나 땀을 흘리기 시작한다. 함께 일했던 거의 모든 회사에서 지위 고하를 막론하고 사람들은 거리낌 없이 회의를 무시했다. "회의가 너무 많아서 도대체 일을 할 수가 없어요!"

나는 회의를 사랑한다. 정확히 말하면 잘 계획되고 그곳에서 나온 아이디어들이 실행되는, 집단 기능의 핵심 요소로 대우받는 회의를 사랑한다. 동료들과 탁월한 업무 관계를 형성하고 정보를 공유하며 문제를 해결하려면 조직 내에서 회의가 꼭 필요하다. 성공적인 팀이 되기 위한 작업을 관리하고 실행하기 위한 계획과 조직 활동이 회의에서 일어난다. 회의는 긍정적인 협력 문화를 계발하고 구현하는 역할도 한다. 내가 선원 식당에서 얻은 교훈에 따르면, 회의는 일터에서 정신없이 일하느라 간과하기 쉬운 마음챙김을 돌볼 수 있는 터전이다. 회의에서 마음챙김이 잘 이루어지면 일터에서 협력하며 일하는 매 순간 마음챙김이 일어난다.

내가 보기에 기업문화를 가장 빠르고 지속 가능하게 전환하는 방법은 회의 방식을 바꾸는 것이다. 나는 이를 굳게 믿으며 전 세계 기업들의 리더 수천 명에게 거듭 이야기했다. 이는 회사가 하는 일이나 생산하는 제품과는 무관하게 동일하게 적용된다. 조직문화를 바꾸거나 개선하고 싶으면 리더가 회의 진행 방식에 집중하면 된다.

회의는 집단 내에서 모든 이가 참여해야 하는 활동이다. 구성원들은 회의 자리에 모두 모여서 집단의 기능을 조정하고 할 일을 결정하며 지난번에 한 일을 평가한다.

실용적 차원에서 회의는 집단의 규범이 주로 형성되는 곳이다. 회의는 마음챙김 리더가 구성원들이 서로 협력하고 지원하는 환경을 구축하는 무대가 된다. '타인에게 의지하라'는 가르침을 수련하는 중요한 장소이기도 하다.

회의가 의도했던 대로 진행된다면, 여러 가지 목적을 이룰 수 있는 핵심 도구로 작용한다. 먼저 당신이 하는 회의가 어떤 유형인지 명확히 판단해야 한다. 회의는 다양한 목적으로 진행될 수 있다.

— **팀워크**: 회의를 통해 팀원들 사이의 유대를 개선하고 신뢰를 구축하는 데 집중한다.

— **정보 공유**: 누가 무엇을 하는지(혹은 어떻게 일하는지) 이해하

고 문제점과 성공할 기회를 찾아낸다.

— **문제 해결:** 구체적인 문제, 현재 진행형인 문제의 해결책을 찾는 데 집중한다.

— **브레인스토밍:** 집단의 지혜를 발굴하여 보이지 않는 가능성을 연다.

— **계획 및 조정:** 많은 회의에서 앞으로 할 일을 조정한다. 명확한 일정과 목표를 세우고 누가, 언제, 무엇을 할지 분명히 정한다.

— **의사소통:** 의사소통이 제대로 이뤄지지 않거나 팀원들 사이에 제대로 된 협력이 이뤄지지 않을 경우, 어떤 의사소통의 문제가 발생하고 있는지 논의한다.

물론 한 회의에서 위에서 제시한 모든 목표를 달성하려고 하면 안 된다. 그러나 위의 목록에는 회의를 하는 핵심 이유가 드러나 있다. 위와 같은 목표를 설정하지 않고 회의 준비를 하지 않으면 기업과 조직에 필요한 일 자체를 성공적으로 달성할 수 없다.

어떻게 회의를 조직할 것인가

내가 생각하는 성공적인 회의에는 두 가지 주요한 요소가 있다. 바로 규범과 실행이다. 리더의 적극적인 참여와 행동, 올바른 자세는 구글의 아리스토텔레스 프로젝트에서 말하는 긍정적인 팀의 자질을 육성하는 데 도움이 된다. 이 규범 중에서도 특히 심리적 안전은 높은 성과를 올리는 팀뿐만 아니라 높은 성과를 올리는 회의에서도 중요한 요소로 작용한다. 이런 규범 없이는 실행이 중요하지 않다. 다시 말하지만 명확하고 의미 있는 목표와 잘 조직되어 운영되는 회의가 합쳐지면 건전한 규범을 수립할 수 있다. 회의에 참석하는 모든 참여자가 긍정적이고 생산적인 회의를 기대하면 긍정적이고 생산적인 정신이 만들어진다. 일을 완수할 수 있는 이상적인 환경이 갖춰지는 셈이다.

회의의 성공적인 실행은 준비와 운영, 후속 조치라는 세 가지 요소에 달렸다.

— **회의 준비:** 회의를 소집하기 전에 회의의 목적과 유형, 참석자, 안건을 당신과 참석자 모두가 명확히 해야 한다. 회의의 목적이 명확한지 확인하기 위해서는 이 회의를 통해 의도하는 성과를 그려보면 된다. 이 회의를 통해 달성하고자 하는 이상적 결과는 무엇인가?

그다음으로 앞에서 소개한 목록을 지침으로 삼아서 회의의 유형(목표)을 결정한다. 이 회의로 팀워크를 쌓을 것인가, 브레인스토밍할 것인가, 문제를 해결할 것인가? 필요할 때마다 다른 유형을 실험해본다. 매주 똑같은 유형의 회의를 진행하는 패턴이나 습관은 피한다(물론 똑같은 회의가 모든 참석자에게 필요하고, 설득력 있고, 활력이 넘치고 유용하다면 그래도 괜찮다). 각자 어떤 업무를 진행하는지 보고하는 식의 틀에 박힌 회의만 하는 팀이 많다. 이런 회의도 가끔은 유용하지만 그렇지 않을 때도 있고, 이런 보고식 회의는 회의의 여러 가지 목표 중 하나에 불과하다.

참석해야 할 사람과 참석하면 안 될 사람을 정하는 것은 회의 준비의 중요한 과정이지만 간과될 때가 많다. 의도한 목표를 달성하기 위해 필요한 참석자와 참석 인원을 주의 깊게 정해야 한다. 회의를 얼마나 자주 하는지도 중요하다. 컨설팅 결과, 일주일에 한 번씩 회의하다가 한 달에 한 번으로 바꾼 팀도 있고, 지금보다 더 자주 회의해야 한다는 것을 깨달은 팀도 있었다.

마지막으로, 회의의 안건 역시 중요하다. 그러나 이 역시 간과하기 쉽다. 회의를 통해 세우고자 하는 계획과 일의 우선순위가 무엇인가? 각 안건에 얼마나 시간을 분배할 것인가? 이것들에 대해 구체적으로 정하고 사람들이 자신의 의견을 준비하고 들어올 수 있도록 미리 알려줘야 한다.

— **회의 운영**: 회의에서는 분위기의 전환이 중요하다. 항상 참석자들의 적극적인 참여와 집중을 격려하면서 회의를 시작하고 마무리한다. 가능하면 침묵으로 시작할 것을 추천한다. 30초나 1분 정도만 가만히 앉아 있더라도 곧 이어질 회의에 집중할 수 있는 힘이 생긴다. 뿐만 아니라 회의실 전체에 흐르는 에너지를 안정감 있게 만들 수 있다. 따라서 가능하다면 회의 전에 일종의 점검 시간을 정한다. 회의 주제와 상관없이 현재 자기 상황이 어떤지 한두 마디만이라도 말하고 표현해보는 시간을 갖는 것도 좋다.

회의를 마무리할 때는 비슷한 방식으로 끝낸다. 시작하는 방식이 회의의 성공에 중요하듯 마무리하는 방식도 중요하다. 나는 참석자들 모두에게 마지막으로 한마디씩이라도 더 발언하게 기회를 주거나, 잠깐 침묵하면서 마무리하는 편을 선호한다. 회의 참석자들 사이에 심리적 안정감과 유대감, 배려받는 느낌이 느껴질 수 있도록 적절하지만 단순한 시작과 마무리 의식을 고민해보자.

참가자들이 회의에 집중력을 발휘하고 안건을 벗어나지 않도록 회의를 전반적으로 이끌고 조정할 사람을 정해서 회의가 자연스럽게 흐르도록 한다. 이 역할은 꼭 리더가 할 필요는 없다. 팀원 중에서 정해도 된다. 여기서 능숙한 진행은 회의 참가

타인에게 의지하라

자들의 마음을 챙기는 진행을 의미한다. 집단의 에너지와 느낌, 감정을 주시하며 갈등과 의견 충돌을 관리하고 토론 주제가 의도를 벗어나지 않게 하는 진행이야말로 마음챙김의 관점에서 능숙한 진행이다.

회의를 끝낼 때가 되면 마무리 의식을 하기 전에 회의 결과와 앞으로 실행해야 할 사항들을 요약하여 알린다. 무엇이 결정되었으며, 앞으로 남은 일은 무엇인지 팀원들에게 분명히 공유한다. 언제까지 누가 무엇을 할지 명확히 결정한다.

— **후속 조치:** 회의에서 결정된 사항들이 실행된 결과와 그다음 단계를 점검하기 위해 의사소통을 나누는 후속 회의를 진행해보자. 이 회의에서는 세세한 전체 내용을 점검하는 것이 아니라 해야 했던 일과 담당자를 되짚고 요약한다. 이 후속 조치를 통해 그동안 해온 회의는 제 역할을 다하고 프로젝트의 전반적인 목표와 비전을 달성할 수 있게 된다.

。

훌륭한 회의는 마음챙김 문화를 구현한다

일터를 비롯해 자신이 속한 조직에서 효과적으로 회의할

방법을 시험하고 탐색해보자. 회의 준비에는 시간이 걸리지만 내 경험상 그럴 만한 가치는 충분하다. 훌륭한 회의는 마음챙김 문화를 구현해 어떤 조직이든 관계자 모두를 성공으로 이끈다.

캘리포니아주 산타크루즈에 위치한 상장 회사인 플랜트로닉스Plantronics는 대표적인 성공 사례 중 하나다. 이 회사는 구글 외부에서 마음챙김 기반의 내면 검색 감성지능 교육을 진행할 때 초기에 참여한 기업이다. 플랜트로닉스는 이 교육을 통해 이후 전사적으로 회의 방식을 크게 변화시켰고 이것은 대단히 긍정적인 결과로 이어졌다.

당시 내면 검색 훈련은 일주일에 한 번씩 7주간 진행됐다. 플랜트로닉스에서는 회사의 고위 임원과 관리자 50명이 참여했고, 이들 중에는 최고경영자와 인사 부문장도 있었다. 우리는 7주 동안 안전하고 배려하는 공간을 창조했다. 참가자들은 10년에서 20년에 걸쳐 함께 일하면서도 서로에게 자신의 약한 모습을 보인다거나 마음을 열고 신뢰와 유대를 키우면서 대화를 나눈 적이 거의 없거나 한 번도 없었다고 말했다.

이런 활동의 영향은 금방 나타나며 보통 정량화할 수 있다. 7주간의 교육이 끝난 후 플랜트로닉스에서는 회의가 훨씬 집중적이고 생산적으로 진행됐다고 했다. 그 결과 짧은 시간을 들이고도 더 많은 성과를 달성하여 의사결정을 하는 데 들어가는 비

타인에게 의지하라

용이 대폭 감소했다. 직원들의 사기도 올라갔다고 했다. 회의를 개선한 결과, 많은 긍정적인 영향이 뒤따르며 회사가 더욱 높은 성과를 올렸을 뿐만 아니라 조직원들이 느끼기에 더 나은 일터가 될 수 있었다는 의미다. 물론 회의 방식을 바꾼 것만으로 이 모든 변화가 찾아온 것은 아니지만, 플랜트로닉스의 사례는 내게 늘 마음챙김 수련이 조직에서(특히 기업에서) 얼마나 의미 있고 영향력이 큰지 일깨워준다.

마음챙김 실천하기

당신의 일터에서 진행되는 회의를 평가해보자. 당신의 역할과 관계없이 어떻게 하면 마음챙김을 반영해서 회의의 기능을 개선할 수 있겠는가? 아래 내용을 자문해보자.

· 회의의 목적이 분명한가? 그렇지 않다면 명확한 목적을 세우기 위해 당신은 무엇을 도울 수 있는가?
· 회의의 유형이 모두 똑같은가? 목적에 맞도록 회의 유형을 어떻게 다양화할 수 있는가?
· 당신과 팀원들은 회의를 기대하는가? 그렇지 않다면 회의에 대

한 기대와 경험을 개선하기 위해 어떤 단계를 밟아야 하는가?

· 당신의 일터와 그곳에서 이뤄지는 회의의 문화적, 행동적 규범은 무엇인가? 구성원들 사이의 신뢰와 서로의 취약성을 드러내는 정도, 즐거운 정도는 어떤 수준인가? 이를 방해하는 것은 무엇인가?

· 마음챙김 수련을 회의에 어떻게 활용하고 통합해서 한 가지 혹은 모든 측면을 개선할 것인가?

'타인에게 의지하라'

핵심 수련법

- 리더라는 역할에 맞게 타인을 코칭하고 권한을 위임하며 경청한다.

- 의존에 대한 당신 안의 저항감을 인식하고, 상호 의존의 태도를 받아들인다.

- 타인과 함께, 타인을 위해 명상하여 꾸준히 명상 수련을 이어간다.

- 누가 당신에게 의지하는지, 당신은 또 타인에게 어떻게 의지하는지 살펴본다.

- 조직 안에서 당신의 업무 스타일―선구자, 조직자, 사교가, 행동가―과 다른 사람의 업무 스타일을 고려한다.

- 심리적 안전, 구조의 명확성, 의존성을 비롯해 의미와 영향력에 이르기까지 조직 내에 긍정적인 규범을 육성한다.

- 필요하다면 회의 방식을 변경하여 회의에 참여하는 구성원들의 마음을 챙기고, 협력적이며 서로 돕는 환경을 만들 수 있도록 회의를 진행한다.

Part 3

통합

07

단순화하라

여행자여, 길은 존재하지 않는다.
내딛는 걸음마다 자신의 길을 만들어야 한다.
_안토니오 마차도 *Antonio Machado*

일곱 가지 마음챙김 수련법을 활용하여 교육을 진행하거나 연설을 할 때마다 '단순화하라'는 일곱 번째 가르침을 설명하는 순간이 되면 공간의 에너지가 변화하는 것을 느끼곤 한다. 이 이야기를 할 때, 청중들은 마음의 짐을 덜고 가벼워지는 듯한 안정감을 느낀다. 어깨가 내려가고 편안해진다. 리더십과 마음챙김, 성장을 원하며 이를 위해 수련을 해야 할 필요를 느끼지만, 우리 마음 한 켠에는 이 모든 것을 그저 내려놓고 싶은 기본적이고 근본적인 열망이 존재한다. 건강과 삶의 질 끌어올리기, 변화와 노력에 대한 온갖 걱정과 비판, 마음챙김 수련을 포함한 모든 삶의 투쟁을 내려놓고 싶어 하는 것이다. 그런데 투쟁을 멈출 수 있다니 얼마나 다행인가!

매일 잠깐이라도 시간을 내서 해야 할 일과 자기 계발, 업무상 프로젝트를 모두 내려놓는다고 상상해보자. 타인을 바꾸려는 계획도 접어둔다. 이는 대단히 어려울 수 있다. 하지만 매일 짬을 내어 지금 당신에게 주어진 삶을 있는 그대로 감사하게 생각하며 모든 것을 잠시 내려놓는 시간을 가져보자.

명상을 수련할 때 어떤 감각과 느낌, 생각이 떠오르든 그것들과 함께하면서 정신이 깨어 있도록 훈련해야 한다. 여기 다분히 과격해 보이는 수련을 하나 소개한다. 날숨에 모든 것을 놓아주면서 이 날숨 뒤에 들숨이 뒤따를 것을 가정하거나 기대하지 않는 훈련이다. 호흡을 할 때마다 자신이 살아 있다는 기대조차 내려놓는다. 이윽고 그다음 들숨이 시작되면 놀라움을 느낀다. 내가 여기 있구나!

모든 것은 덧없고 변화한다는 사실을 받아들이는 수용은 삶을 단순화하는 데에 강력한 효과를 발휘한다. 우리가 하는 행위는 대부분 부가적이며 삶을 더 복잡한 방향으로 나아가게 한다. 행동과 행동하지 않음, 노력과 노력하지 않음을 통합하는 것이 중요하다. 이는 마술이 아닐뿐더러 오래되고 신비로운 영적 수련도 아니다. 말하거나 쓸 때는 아무것도 덧붙이려 하지 말고

단순화하라

그저 말하고 써야 한다. 이처럼 하는 일을 그저 하는 자세(비교하거나 비판하거나, 다음 행위로 옮겨가려 하지 않는다)는 리더십을 발휘할 때, 경청할 때, 운전할 때, 혼자 일하거나 타인과 일하면서, 관계 속에서, 그리고 일상 활동 속에서 충분히 계발할 수 있다.

일곱 번째 수련의 의도는 분주하게 살다가도 언제든지 가장 중요한 것을 보고 인식하는 것이다. 힘든 일이나 삶의 예기치 않은 문제, 슬픔이나 죽음을 피할 수는 없지만 혼란스럽고 곤경에 빠졌을 때 우리는 이 사실을 기억해낼 수 있다. 모든 걸 단순화하라. 더욱더 단순화하라. 매일 매 순간 한층 더 집중하고 여유로우며 충실할 수 있도록 우리는 삶에서 복잡성을 덜어내야 한다. 그 결과, 중요한 행동을 우선순위로 삼아 행할 수 있다.

∘

84번째 문제

옛날에 붓다가 살아 있던 시절의 일이다. 마을에 문제가 많은 농부가 한 명 있었다. 붓다의 위대한 지혜를 전해 들은 농부는 붓다에게 직접 도움을 요청하기로 마음먹었다.

그의 불만은 많았다. 날씨가 너무 건조하거나 혹은 너무 습해서 수확이 항상 기대에 못 미쳤다. 농부는 아내를 사랑했지만 아내는 그에게 가끔 비판적이고 날카로웠다. 자녀들도 실망스러웠다. 자녀들은 성장하면서 농부에게 감사하는 마음이 줄어들었다. 이웃들은 그에 대한 거짓 소문을 퍼뜨렸다.

붓다는 농부의 이야기를 다 듣고 나서, 안타깝지만 자신이 도와줄 수 있는 문제가 없다고 했다.

"중생은 83가지 문제를 갖고 있다. 원래 인생이 그러하다. 문제 하나를 해결하면 다른 문제가 나타나서 그 자리를 채운다. 내 가르침은 네 문제를 해결하는 데 도움이 안 되겠으나, 84번째 문제에는 도움을 줄 수 있을 것 같구나."

"84번째 문제가 무엇입니까?"

농부가 물었다. 붓다가 대답했다.

"그 어떤 문제도 원하지 않는다는 것이 84번째 문제다."

'단순화하라'는 가르침의 핵심은 몸과 정신을 훈련하여 현재 상태에 대한 저항과 불만족스러움으로부터 벗어나려는 노력을 내려놓는 데 있다. 문제는 누구에게나 있다. 붓다에 따르면 모두가 더도 아니고 덜도 아닌 83가지 문제를 품고 있다. 붓다는 이런 고난을 겪는 것은 농부뿐만이 아니며 누구나 가질 수 없는 것을 원한다고 했다. 이것이 84번째 문제이며 자신이 도와줄 수 있는 것은 그것을 알려주는 것밖에 없다고 말했다.

붓다는 문제를 없애려고 애쓰지 않을 때 비로소 우리 스스

단순화하라

로와 우리를 괴롭게 했던 문제가 변화하며, 그 변화 이후에는 기왕에 문제라고 생각했던 것들이 더 이상 문제가 아니게 된다고 가르친다. 그러므로 비판하거나 저항하지 말고, 문제적 상황이 스스로 바뀌길 바라야 한다는 사실을 받아들이고 문제를 마주해야 한다. 그러면 어떤 문제가 발생하든 직면하고 변화하기 쉬워진다. 누구나 효율적으로 일하고 싶어 하고, 파트너나 자녀 등 관계를 맺고 있는 사람들과 원활하게 소통하며 더 나은 관계를 맺고 싶어 한다. 하지만 이런 노력은 절대로 끝나지 않는다. 성공했다고 해서 삶의 문제가 줄어들지도 않는다. '단순화하라' 수련을 하면서 우리는 다른 것을 기대하지 않고, 우리의 접근법과 자세를 바꿔서 삶을 단순화시키는 방법을 배울 것이다.

마음챙김 실천하기

더 많이 받아들이는 수련을 탐색해본다. 이것은 고통, 문제, 어려움을 무시한다는 뜻이 아니다. 바로 지금 무엇인가 바꾸려고 하지 않고, 그것을 있는 그대로 완전히 수용한다는 뜻이다. 그 방법은 다음과 같다. 지금 당신의 삶에서 힘든 상황을 구체적으로 떠올리자. 그다음 아래의 세 가지 단계를 거쳐 그것들을 받아들이는 수련을 해보자.

1. 어려움을 직면한다: 정면으로 마주하고 바라본다.
2. 수용한다: 힘든 상황으로부터 비롯되는 고통을 바라보고 그대로 느낀다. 그러기 위해서는 용기가 필요하며 이때 마음챙김 수련이 도움이 된다.
3. 비난을 내려놓는다: 자신과 타인을 모두 포함해 비난하는 것을 멈춘다.

평정과 각성을 동시에 이루기

나는 명상 수련을 가르칠 때 보통 참가자들에게 이렇게 말하면서 교육을 시작한다.

"편안하면서도 각성할 수 있는 곳에서 의자에 앉을 방법을 찾으세요."

그리고 이렇게 덧붙인다.

"이 수련, 이 존재 방식은 명상의 준비 작업이 아닙니다. 명상의 핵심이고 몸과 정신을 편안하면서도 각성하게 만들려는 거예요."

운동 선수들도 이런 노력을 한다. 야구공을 던지든 골프공을 치든, 테니스 코트를 누비든 마찬가지다. 최대한 평정과 각성을 이루는 것이 중요하다. 이는 내가 직원들과 회의를 진행하거나 기조연설을 할 때 추구하는 목표이기도 하다. 완전히 편안하게 마음을 열고, 느긋하면서도 자각한 상태로 깨어 있고, 모든 상황을 완전히 마주하려고 한다. 지나치게 편안하면 방심하기 쉽고 졸음이 온다. 지나치게 각성하면 과민 반응을 하거나 긴장하거나, 충실하게 대처하지 못할 위험에 빠진다.

마음챙김 실천하기

지금 편안하면서도 각성한 상태를 탐색해보자. 편안해지려면 호흡에 집중해야 한다. 완전히 숨을 들이쉬고 내쉰다. 각성하려면 몸에 집중한다. 어깨를 펴고 척추를 약간 젖힌다. 일상생활 중에 생각날 때마다 실천한다.

°

특별히 애쓰지 않는다

나는 명상에서 사람들이 편안하면서도 각성한 상태를 찾을 수 있게 지도한 다음, 모든 것을 내려놓으라고 한다. 무엇인가 시도하거나 더 애쓰지 말고 무엇이 다가오는지 인식하라고 안내한다. 이 행위는 이 책에서 언급한 일곱 가지 수련 모두에서 중요한 역할을 한다. 문제에 저항하거나 변화를 거부하거나, 변화하려고 특별히 애쓰는 상태를 인식하고 놓아준 다음, 자기 삶을 있는 그대로 받아들여야 한다.

상상하라. 당신이 안고 있는 문제와 당신의 관계가 달라진다면, 문제를 완전히 받아들이고 문제와 평화를 이룬다면 당신의 삶은 어떻게 될까? 앞으로 소개할 명상에서는 문제가 일어나지 않기를 바라는 '84번째 문제'를 이해하고 이것을 해결할 방법을 탐색하고자 한다.

우선 호흡을 인식한다. 그저 호흡에 집중한다. 때로는 들숨을, 때로는 날숨을 인식한다. 내쉬면서 날숨을 인식하고 자신이 모든 문제와 모든 것을 내려놓을 수 있는지 살펴본다.

호흡에 인식을 가져온다. 숨을 들이마시고 내쉰다.

그다음 호흡을 길게 완전히 내쉬면서 그것들을 놓아준다.

해야 할 일, 끝나지 않은 프로젝트, 부족하다고 여기거나 그래서 고치려고 하는 일들을 내려놓는다.

자기 계발 계획도 모두 내려놓는다. 다른 사람을 내 뜻대로 바꾸려는 계획도 내려놓는다.

지금 부가적이거나 불필요한 행동, 생각을 멈춘다.

자, 다시 상상하라. 당신에게 찾아온 문제에 감사하고 저항하는 마음을 놓아주면 어떤 느낌일까?

이제 숨을 들이마시면서 모든 문제와 할 일, 쟁점을 다시 떠올린다. 그리고 숨을 내쉬면서 그것들을 놓아준다.

편한 만큼 이 행위를 계속하다가 준비가 되면 다시 주변으로 인식을 가져와서 부드럽게 일상으로 돌아간다.

。

바쁘지 말 것, 집중하고 충실하며 느긋할 것

"당신도 우리만큼 바쁜가요?"

스카이프 미팅을 시작하면서 한 기업의 여성 최고경영자가 내게 이렇게 질문했다. 나는 그녀와 내면 검색 리더십 연구소에 관해 이야기하고 있었고, 그렇다고 대답하기는 쉬웠다. 하지만 이렇게 얘기했다.

"우리는 바쁨을 지양합니다. 집중하고, 충실하고, 느긋한 방식으로 일하기를 원해요."

나는 되도록 유쾌하게 말했고, 우리는 둘 다 웃었다. 물론 바쁘긴 했지만, 나는 바쁜 것을 아주 싫어한다. 그때 우리는 어떻게 일하고 싶은지, 우리가 품은 의도에 관해 의미 깊은 토론을 했다. 바쁜 문화가 세상에 만연해 있고 거기에 휘말리기는 쉽다. 누구나 겪었을 법한 흔한 문제겠지만 우리에게는 지금 당장 해야 할 일이 많다. 하지만 내게 바쁘다는 것은 단순히 해야 할 일이 많다는 뜻이 아니라 복잡성에 휘말려서 가장 중요한 것을 인식하는 관점을 잃어버린다는 뜻이다. 바쁨은 생각 없는 서두름과 같다. 바쁨을 해독하려면 마음챙김을 기억하고 집중하고 충실하며 느긋한 태도를 수련해야 한다.

이는 무슨 뜻일까?

— **집중**: 자신에게 가장 의미 깊은 것과 자신의 실측 현실, 창조적 격차, 중요한 것이 무엇인지 파악하고 거기에 집중한다. 그다음 단순하지만 어려운 질문을 반복해서 던진다. 지금 나의 우선순위는 무엇인가? 이 소명을 위해 오늘, 그리고 앞으로 일주일간 해야 할 가장 중요한 일은 무엇인가?

— **충실:** 이는 에너지와 집중의 수준을 나타낸다. 어떤 일이든 새로운 일로 넘어갈 시점이 될 때까지 그 시간 동안 완전하게 충실히 집중해야 한다. 나는 보통 어떤 일에 45분에서 90분 정도까지 완전히 집중력을 쏟을 수 있고, 그다음에는 5분이나 10분 정도 잠깐 쉬는 것이 좋다. 일할 때는 완전히 에너지를 쏟아 충실하도록 하고 그다음 일에서 벗어나서 온전히 휴식한다.

— **느긋함:** 자기 걱정으로부터 의식을 분리하고, 지금 어디에 있든 간에 주변에 존재하는 문자 그대로의 공간과 개방성을 인식한다. 그러면서 스트레스를 받지 말고 스트레스를 인식한다. 가끔 스트레스와 불안, 두려움이 찾아올 것을 예상하고, 실제로 그것들이 발생하면 내려놓는다. 연구 결과에 따르면 진짜 문제는 스트레스나 바쁜 상황 그 자체가 아니다. 스트레스와 우리의 관계가 문제다. 한 연구에 따르면 스트레스를 필연적이고 긍정적인 문제로 인식한 사람은 스트레스를 부정적으로 보고 피하려는 사람보다 더 행복한 경향이 있다. 또한 스트레스에 긍정적인 자세를 보인 사람은 비교적 스트레스를 덜 경험한 사람보다 장수했다.[1]

마음챙김 실천하기

지금 당신의 몸에서 뻣뻣하고 갑갑한 부위가 어디인지 인식한다. 그곳에 집중하여 편안하고 부드럽게 풀어준다. 지금 마음에 여유가 얼마나 있는지 인식한다. 바쁘게 살아가다 보면 얼마나 여유가 있는지 잊어버릴 때가 많다. 사람과 일만 바라보느라 그 사이에 얼마나 여유가 있었는지 놓치는 경향이 있다. 물리적으로 여유가 얼마나 있는지 탐색하고 인식하자. 잠시 위를 바라봤다가 좌우를 살펴보자. 어디에나 많은 공간이 존재한다. 그다음 지금 제일 중요한 것이 무엇인지 다시 질문한다.

삶을 단순화한다는 것은 스트레스를 회피하거나 성취를 축소한다는 뜻이 아니다. 집중하고 충실하며 느긋해지면 한층 건강하게 살면서 더 중요한 것을 더 많이 성취할 수 있다는 증거가 넘치도록 존재한다.

。

규칙적인 루틴으로 의사결정을 단순화하라

어른처럼 아이도 규칙적인 일과를 좋아한다. 정해진 루틴

단순화하라

은 의사결정과 그 복잡성으로부터 우리의 정신을 해방시킨다. 당신이 추구하는 가장 중요한 가치와 정렬된 건전한 루틴이라면 더더욱 그렇다.

나는 아침 일과를 좋아하고 여기에 의존한다. 그 뒤로 온종일 이어지는 일과도 마찬가지다. 나는 매일 새벽 5시 30분에 기상한다. 그다음 씻고 간단히 요가를 한 다음, 20분 동안 마음챙김 명상을 한다. 6시 30분부터 7시까지는 책과 〈뉴욕타임스〉를 읽는다. 7시에는 아침을 먹는다. 점심을 먹고 나면 보통 15분에서 20분 정도 차에서 낮잠을 자지만, 그것이 불가능할 때는 조용하고 한적한 장소를 찾아간다. 오후에는 30분에서 1시간 정도 산책을 한다. 가능하면 샌프란시스코 북쪽 퍼시픽 오션 위에 있는 언덕을 걷는다. 주로 산책하는 곳은 밀 밸리 근처의 거리다. 그리고 밤 10시 30분에 잠자리에 들어서 11시까지 책을 읽는다.

사람들이 명상 수련을 위해 별도로 시간을 내기 힘들다고 하면, 나는 명상을 양치질처럼 정해진 일과로 삼으라고 한다. 아침에 이를 닦을지 말지 결정할 필요는 없다. 나는 아침마다 명상을 할지 말지 결정하지 않는다. 그냥 일과로서 수행한다. 그만큼 단순한 문제다.

지금 생각해보자. 당신의 하루 일과는 어떠한가? 당신이 삶에서 스스로 창조하고 고정적으로 지키고 있는 건전한 일과는 무엇인가?

○

명상 수련회를 통한 완전한 휴식

정기적으로 조용한 마음챙김 명상 수련회에 참석하면 삶을 단순화하는 데에 큰 도움이 된다. 며칠씩 아무것도 시도하거나 달성하지 않고 그저 조용히 정좌하는 일만큼 단순한 것이 무엇이 있겠는가? 명상 수련회야말로 단순화를 위한 핵심 수련이다.

5일에서 7일 정도 진행되는 마음챙김 명상 수련회에 참여한 적이 없다면, 꼭 한 번 참석해보기를 강력하게 추천한다. 이 정도 시간을 내기가 쉽지 않다는 사실은 안다. 누구나 가능한 일도 아닐 것이다. 만일 장기 명상 수련회에 참여한 적이 있다면 매년 연례행사처럼 떠날 수 있는지도 일정을 확인해보자.

내가 생각하는 이상적인 명상 수련회 참여 횟수는 한 달에 한 번씩 반나절 혹은 종일 참여하고, 여기에 더해 매년 5~7일 정기적으로 참여하는 것이다. 마음챙김 명상 수련회뿐만 아니라 다양한 형태의 수련회가 존재한다. 요가 수련회나 걷기 수련회, 야생에서의 캠핑 수련회 등도 고려해보자. 삶의 격렬함과 분주함에서 벗어나서 단순화할 시간을 내는 것이 중요하다. 그다음에는 일상으로 돌아와서 이 단순함의 미덕을 매일의 삶의 요구와 통합해야 한다.

°
우선순위는 하나뿐이다

몇 년 전에 로버트 가스Robert Gass가 진행하는 일주일짜리 '리더십의 기술Art of Leadership' 교육에 참여했다. 사회적 기업들의 최고경영자 20명 앞에 로버트와 커다란 백지 차트가 서 있었다. 그가 질문을 던졌다.

"삶에서 선택할 수 없는 것은 무엇인가요? 꼭 해야 할 일은 뭐죠?"

처음에 나를 비롯해 교육에 참석한 사람들은 모두 이 질문에 당황했다. 이 활동을 왜 하는지도 의아해했다. "먹는 거요." 누군가 이렇게 말했고 로버트는 이 말을 그대로 종이에 적었다. "일하기요." 다른 사람이 또 말했다. 로버트는 일은 선택할 수 있는 것이라고 대답했다. 일은 하지 않을 수도 있고, 일을 못하는 처지라고 하더라도 캐나다(이 교육이 진행됐던 나라)나 미국 등 세계 대부분의 나라에서는 어떻게든 보살핌을 받고 음식을 먹을 수 있을 것이라고도 했다. 그러므로 일은 선택이다. 이 활동의 목적은 우리가 하는 일의 대부분이 선택임을 인식하고 그 사실을 명확히 보는 것이었다. 생각보다 많은 선택권이 우리 손에 쥐여져 있다는 사실을 깨달은 다음에는 일들의 우선순위를 정하기로 했다.

그렉 맥커운Greg McKeown은《에센셜리즘》에서 우선순위priority라는 단어는 1400년대에 영어에 도입됐다고 설명한다. 이 단어는 '첫 번째' 혹은 '더 중요한 것'을 뜻한다. 이 단어는 처음에 단수형이었다. 그로부터 500년이 지난 1900년대에는 단수형 'priority'에서 복수형 'priorities'로 바뀌었다. 맥커운은 이를 두고 이렇게 설명했다. '우리는 단어를 바꾸면 현실을 비틀 수 있다고 비이성적으로 생각한다. 어쩌다 보니 이제 첫 번째가 여러 개가 됐다.'[2]

사실 우리는 매 순간 우선순위를 한 가지 선택해야 하며, 우리에게는 그것을 선택할 힘이 있다. 당연한 말 같지만 이 말의 뜻을 잠깐 깊이 생각해보자. 의식적으로 생각하지 않으면 잊어버리기 쉽기 때문이다. 놀랍게도 우리는 매 순간 수없이 선택한다. 시간과 에너지, 관심을 어떻게 쓸지 결정한다. 삶의 우선순위를 스스로 정하지 않으면 남이 정해줄 것이다.

내가 MBA 학위를 따고 나서 가장 먼저 들어간 직장은 샌프란시스코에 있는 작은 재생지 유통사 컨설버트리 페이퍼 컴퍼니Conservatree Paper Company였다. 당시 우리 집에는 어린아이가 둘이나 있어서 아이들을 매일 집에 두고 나가기가 힘들었다. 더구나 컨설버트리는 직원들이 저녁 늦게까지 야근을 하는 조직 문화가 존재했다. 나는 이곳에서 일을 시작한 첫 주에 선택을 내렸다. 나는 가족들과 함께 저녁을 먹으려면 매일 오후 5시에는 일을 마치고 사무실을 나가야 한다고 상사에게 말했다. 이 요구를 할 때 나는 마음이 불안했다. 고용주가 내게 항상 중요한 것은 아니라고 선언하는 셈이었기 때문이다. 하지만 결국 나는 나의 우선순위를 분명하게 밝혀서 그에 대한 존중을 받았고, 이후 오후 5시에 퇴근하는 것은 크게 문제가 되지 않았다.

인생의 커리어는 하나뿐이다

기업들을 상대로 일을 하다 보니 커리어와 관련된 조언을 요청받을 때가 많다. 놀라울 정도로 많은 사람들이 직장을 옮기는 과도기를 겪는다. 역사적으로 봐도 많은 사람들이 기술과 기업의 빠른 변화와 경제 상황의 변동에 시달렸다. 또한 우리는 예전보다 더 많이 일하며, 업무의 속도와 복잡성은 더욱 증가했다.

국제적으로 협력해야 하는 일도, 대면하지 않고 온라인상에서 일하는 상황도 흔해졌다. 이런 요소 하나하나가 우리의 일을 더욱더 복잡하게 만든다. 그리고 이 모든 경우가 한데 합쳐질 경우에는 커다란 역경으로 이어지기도 한다. 여기에 개인적인 삶의 총체적 재앙까지 더해지면 우리는 더 이상 삶에서 차분함과 의미, 타인과의 유대, 건강과 행복을 찾기가 쉽지 않게 된다.

자, 그렇다면 이 시점에서 커리어의 진정한 본질을 달리 생각해보기를 바란다. 나는 누구에게나 인생의 커리어는 하나뿐이라고 생각한다. 이 커리어는 일과 관계, 삶의 모든 영역을 아우르고 통합하는 '마음챙김의 삶'이다.

이 커리어의 목적은 두 가지다. 하나는 자기 인식을 계발하는 것이고, 다른 하나는 타인을 돕는 것이다. 그 밖의 다른 모든 활동은 이 두 가지 목적을 뒷받침해야 한다. 이는 당신의 삶을 복잡함에서 단순함으로 이동시킬 강력하고 효과적인 기준이다. 쉽지 않겠지만 단순하다. 이와 같은 커리어의 관점에서 모든 활동에 접근하면 삶이 어떻게 될까? 바쁨과 복잡함이 크게 줄어든다. 물론 복잡함이 사라지지는 않는다. 당신의 삶과 일은 여전히 복잡할 것이다. 해야 하는 활동들도 사라지지 않는다. 여전히 당신은 당신에게 요구되는 다양한 일들과 욕구들을 아슬아슬하게 조정해야 한다. 이것들은 종종 우선순위를 다투기도 한다. 하지만 자기 인식을 계발하고 타인을 돕는 일은 단순하다.

자기 인식은 마음챙김 수련의 정수다. 이는 움직임과 변화의 한가운데에서 멈춤의 미덕을 기억한다는 뜻이다. 호흡을 이어가며 당신의 몸과 느낌, 직감, 심장에 의식을 가져온다. 가끔은 집중하고 가끔은 확장하며 호기심을 품는다. 그리고 꾸준히 자문한다. 지금 무엇이 가장 중요한가?

다른 이를 돕는 것은 곧 리더십이다. 당신이 속한 조직, 가족, 회사를 비롯한 공동체에 무엇이 필요한지 인식한다는 뜻이다. 다른 사람에게 도움이나 관심이 필요하다는 사실을 인식하고 그것을 건네주려고 한다는 의미이기도 하다. 공감하고, 경청하며, 타인의 경험에 마음을 열고, 도움이 될 방법과 기회를 물색한다는 뜻이기도 하다. 리더는 꾸준히 묻는다. 제가 당신을 위해 무엇을 도와드려야 할까요?

∘

세 번 호흡하면서 단순화하기

삶을 단순화해야 할 필요가 있을 때, 삶에서 무엇이 가장 중요한지 명확히 정해야 할 때, 다음과 같이 세 번 호흡하는 수련을 연습해보자.

· 첫 호흡에서 몸을 인식한다. 어깨와 허리, 배에 무슨 일이 일어나는지 인식한다.
· 두 번째 호흡에서 느낌을 인식한다. 지금 무엇이 느껴지는지 의식해본다.
· 세 번째 호흡에서 자문한다. 지금 가장 중요한 것은 무엇인가?

호흡 세 번. 몸 하나. 심장 하나. 정신 하나. 단순한 수련이다. 당신의 삶을 계속해서 단순하게 만들어라.

'단순화하라'
핵심 수련법

- 해야 할 일들과 계획, 프로젝트를 매일 단 몇 분이라도 내려놓는 연습을 한다.

- 더 폭넓은 수용의 태도를 수련한다. 당신에게 닥친 어려움을 있는 그대로 바라보고 받아들이며 그것에 대한 비난의 마음을 내려놓는다.

- 어떤 활동을 하더라도 각성하면서도 평온한 상태가 되도록 수련한다.

- 부가적으로 더 애쓰지 않게 명상한다.

- 매 순간 더 집중하고, 충실하고, 느긋해짐으로써 바쁜 삶을 해독한다.

- 지금까지 당신의 하루 일과가 어땠는지 인식하고, 마음챙김을 수련하는 새 일과를 정한다.

- 정기적으로 명상 수련회 등에 참여한다.

- 우리 삶에서 이뤄야 할 커리어는 단 하나라는 사실을 기억한다. 자기의식을 인식하고 타인을 돕는 것이다.

- 언제든 '세 번의 호흡' 수련으로 가장 중요한 것에 집중하고, 삶을 단순화한다.

나는 우리에게 새로운 언어가 필요하다는 생각이 들어. 심
장에서 나오는 언어 말이야. (…) 달콤한 꿀이 어디 있는지
알려주는 새로운 시가 필요해. (…) 그런 언어를 창조하려면
거울을 통과하는 법을 배워서 모든 것이 통합되는 감각이 존
재하는 다른 차원의 지각으로 건너가야 할 것 같아. 그럼 갑
자기 모든 것이 이해될 거야.

_영화 〈앙드레와의 저녁 식사〉 중에서

시인 데이비드 와이트David Whyte에 따르면, 어느 날 그가 시
낭독회를 하는데 한 기업가가 다가와서 자기 회사에서 시를 낭
독하지 않겠냐고 부탁했다고 한다.[1] 그때까지 데이비드는 스스
로 전통적인 시인이자 작가라고 생각했다. 데이비드가 기업가
에게 물었다.

"내가 왜 그래야 합니까?"

남자가 대답했다.

"우리 회사에 당신의 언어와 메시지가 필요해요. 당신의 시는 인간 정신을 드높이고, 일상적이고 평범한 것에서부터 무엇인가 우리보다 큰 것으로 인도하거든요."

그 남자는 항공사 보잉의 고위 임원이었다. 나는 구글을 비롯한 전 세계 기업 및 개인에게 마음챙김을 가르치면서 일뿐만 아니라 삶의 모든 영역에서 더 큰 인간성과 개방성, 영감을 이해하고 계발하려는 욕구와 열망을 경험했다. 마음챙김 수련은 강력하다. 우리 삶을 더 명확하게 보게 하고, 의식의 기적과 살아있음의 기적에 동참하게 한다.

마음챙김 수련을 통해 우리는 의식과 현존, 실재의 본질을 바꿀 수 있다. 마음챙김은 새로운 신념 체계 따위를 더하는 것이 아니다. 영감을 추구하는 한편, 인간의 본질과 세계를 임의로 형성하고 제한하는 기존의 방식에 한결 정확한 관점을 부여함으로써 그와 같은 놀라운 변화를 일으킨다.

마음챙김 수련의 목적은 우리 안의 두려움과 불만족, 단절의 본질을 이해하고 바꾸는 데 있다. 마음챙김 수련은 평범하다고 생각했던 것이 얼마나 특별한지, 일상적인 삶이 얼마나 기적인지 파악하도록 도와준다.

마음챙김 리더십을 발휘하고 한 명의 인간으로 살아가는

일은 왜 이토록 어려울까? 존재하고, 자기 삶에 깨어 있고, 삶이 길지 않다는 사실을 반복해서 깨달으려면 왜 이렇게 많은 관심과 노력을 기울여야 할까? 우리 마음속과 지금 이곳에 무엇이 있는지, 가장 확실한 것과 중요한 것이 무엇인지 깨닫기란 왜 이다지도 힘들까?

이런 생각을 하면 이 책에서 중요한 은유로 작용하는 내 친구들, 세 유인원이 떠오른다. 이들은 몸과 정신, 마음을 비롯하여 안전, 만족, 유대에 관한 인간의 근본적인 욕구를 나타낸다. 인간은 명확히 볼 수 있도록 진화하거나 설계되지 않았다. 그보다 인간의 목적은 살아남아서 후대에 자신의 유전자를 전달하는 것이다. 마음챙김 리더가 되려면 노력해야 한다. 기존에 구축된 현실을 비롯해 더 이상 자신과 조직, 가족에 효과가 없는 규범을 버려야 하기 때문이다. 명확함과 깊이를 지니고, 마음을 챙기고 통합하며 따뜻한 마음으로 살려면 우리는 수련해야 한다.

마음챙김 리더가 되기를 열망하면서 이 책에서 소개한 일곱 가지 수련을 실천하다 보면, 불안한 유인원의 경계심과 두려움(위협을 살피려는 성향)을 진정시킬 수 있을 것이다. 항상 새롭고 더 나은 것을 찾는, 상상력이 풍부한 유인원을 만족시킬 수도 있으리라. 마지막으로, 이해 가능한 모든 것을 넘어 항상 타인과 유대를 이룰 수 있다는 점에서 공감하는 유인원을 안심시킬 수 있을 것이다. 마음챙김 수련을 실천하면 혼란스러운 세상에서 단단한 분별력이 생긴다. 차갑고 냉소적으로 느껴지기 쉬운 세상에서 마음챙김 수련은 우리의 타고난 개방성과 신뢰의 자질을 발휘하도록 만든다.

마음챙김이 어려운 이유와 그럼에도 불구하고 꼭 필요한 이유를 생각하며 이 책의 앞에서 언급했던 '고통과 가능성'에 대한 주제로 돌아가보자. 우리 삶에 고통을 불러일으키는 원인은 변화에서 비롯된다. 원하는 것을 얻지 못하고, 원하지 않는 것을 얻는 데서 고통이 발생한다. 가능성에 마음을 열면 욕망을 채우려고 애쓰기보다(그럴 수도 있지만) 욕망과 내가 맺는 관계 자체가 바뀐다. 현재 상태에 대한 철저한 수용과 인식의 힘 속에 자유가 존재한다. 최대한 내면의 자유를 살피는 것. 그것이 마음챙김과 마음챙김 리더십의 근본이다.

"중생은 끝없는 변화를 끝내고자 한다."[2]

중국의 조동종을 창립한 동산Dongshan이 6세기에 한 말이다. 시간과 변화는 일반적이고 합리적인 이해를 넘어선다. 변화에 저항하는 사람은 당신 혼자가 아니다. 계속 질문하고 현재 상태를 있는 그대로 인식하며 마음속에 용기를 품어라. 변화에 대한 저항을 줄인 채 완전히 자기 삶과 경험 속으로 들어섰을 때 어떤 일이 벌어지는지 인식하라. 설령 그 과정에서 마음속에 저항이 생겨도 괜찮다. 그 저항을 있는 그대로 인식하라. 저항은 훌륭한 스승이다.

동산은 자신의 가르침에 이렇게 덧붙였다.

"삶을 왜곡하고 끼워 맞추기를 멈출 때, 다시 불 옆에 앉을 수 있다."

잠시 멈춰 서서 삶을 왜곡하거나 끼워 맞추지 않고, 머뭇거리지 않으면 어떨까? 이제 편안하면서도 각성한 상태로 정좌하자. 가장 내밀한 깨달음에서 오는 따뜻한 불 옆에 앉아보자. 그리고 당신의 내면과 주변에서 항상 타오르는 불의 열기를 느껴보자.

감사의 말

'타인에게 의지하라'는 이 책에서 내가 제시한 여섯 번째 수련법이다. 나는 이 책을 출간하기까지의 모든 과정을 다른 이들의 힘에 의지했다. 타사하라 식당에서 시간을 보내면서, 구글에서 교육을 진행하면서, 그리고 내면 검색 리더십 연구소의 최고경영자로 일하면서 내 일과 삶의 모든 영역을 포함한 모든 것이 이 노력에 더해졌다. 여기에 감사한 사람들의 이름을 열거하며 그 마음을 전하고자 한다.

타사하라 식당 시절부터 시작하려 한다. 설거지 담당으로 보낸 타사하라에서의 첫 번째 여름, 주방장으로서 나를 이끌어 줬던 스티브 바운트라우프, 나에게 조리 과정에 합류하라고 제안해주었던 다나 단틴, 몇 년 후 내가 주방장 보조가 됐을 때 식당 운영을 책임지던 티아 스트로저, 그다음 해에 내가 주방장이 됐을 때 나의 보조로 일했던 길 프론스테일, 그리고 멕 알렉산더, 크리스 포틴, 리처드 야페, 마이클 겔폰드, 카린 기오르딩, 애니 소머빌 등 선원 식당에서 함께 요리하고 빵을 굽고 수련했던 여러 사람들로부터 나는 많은 것을 배웠다. 그들에게 감사한다.

처음에 나를 구글로 데려와준 마이크 딕슨에게 감사한 마음을 전한다. 마이크는 내게 정말 많은 기회를 열어줬다. 차드 멍 탄이 나를 초대해준 덕분에 나는 내면 검색 프로젝트 팀의 창립 멤버가 될 수 있었다. 푸닛 아가왈, 돌로레스 베르나르도, 헤먼트 바누, 수다카르 찬드라, 빌 두에인, 마리오 갈라 레타, 제니 리켄, 캐런 메이, 리즈 올슨, 반 리퍼, 폴 산타가타, 루치카 시크리를 비롯한 많은 사람들이 구글에서 나를 도와줬다. 필립 골든의 멘토링도 얼마나 값졌는지 모른다.

내면 검색 리더십 연구소의 동료들에게도 감사하다. 특히 키미코 보쿠라, 피터 보나노, 피터 보스텔만, 로리 캐머런, 마크 콜먼, 린다 커티스, 릭 에힐러, 일라나 로빈스 그로스, 주디스 해리스, 카로 하트, 린지 쿠글, 멕 레비, 니나 레빗, 미셸 말도나도, 사이먼 모예스, 앨릭스 모일, 타일러 피터슨, 브랜든 레넬스, 제이슨 스보르돈, 로리 슈반베크, 스테파니 스턴, 피터 웡, 그리고 레지나 자사진스키에게 감사를 전한다. 내면 검색 공동체에도 감사한 마음이다.

좋은 친구이자 존경받는 다르마 스승 노먼 피셔에게 감사드린다. 그는 창의력과 지혜를 나눠주는 스승이자 이 책의 뼈대가 된 일곱 가지 수련법을 창안한 나의 벗이다. 내게 큰 가르침을 준 스승 마이클 벵거, 친구이자 스승인 폴 할러에게도 감사하다. 지금까지도 나의 리더십을 지지해주는 소셜 벤처 네트워크 동료 모임의 주디 코헨, 제이 해리스, 엘리엇 호프만, 에런 램스타인, 데이비드 레벤탈, 재러드 레비, 그리고 질 포트먼에게 감사드린다.

올드 젠 가이즈의 회원 마크 알렉산더, 브루스 포틴, 마이클 겔폰드, 릭 리바인, 켄 소여, 피터 판테르스테러, 스티브 바인트라우베에게도 감사한 마음을 전한다.

밀 밸리 선 명상 모임에서 버팀목이 되어준 주디스 제임스, 캐런 랭, 로레타 로우리, 데이비드 맥스웰, 다르나 오베마이어에게도 감사드린다.

지금도 계속해서 리더십과 삶에 대한 대화를 함께 이어가는 미치 앤서니, 데보라 베르만, 마틴 베르만, 데브라 던, 대니얼 엘렌 베르그, 브루스 펠드먼, 로리 하나오, 릭 핸슨, 로저 하우스덴, 크레이그 리트먼, 재키 매그래스, 리처드 밀러, 데보라 넬슨, 댄 시겔, 루친다 라이스, 피터 스트러가츠, 그리고 데이비드 영에게도 감사하다.

뉴 월드 라이브러리 출판사의 제이슨 가드너는 수많은 변화 가운데에서도 나와 이 프로젝트를 믿어줬다. 모니크 뮤레캄

프, 먼로 마그루더를 비롯한 뉴 월드 라이브러리 편집팀에 감사를 표한다.

제니퍼 푸터닉은 나의 원고가 한 권의 책으로 온전한 형태를 갖출 수 있도록 신속하게 작업을 해주었다.

원고에 대한 피드백을 해준 크리스타 드 카스텔라, 로빈 모리스, 로저 에슬레슨, 제이 해리스, 바네사 미드, 웬디 콴, 티나 드 살보, 그리고 켈리 베르너에게도 감사하다.

제프 캠벨은 훌륭한 편집자이자 집필에 관한 아이디어를 나누는 탁월한 파트너로서 이 모든 여정 가운데에서 나를 밀고 당기며 이끌어줬다.

끊임없이 따뜻한 사랑을 베풀어주며 나를 지지해준 아내 리에게 진심으로 고마움을 전한다. 나의 사랑하는 아이들, 제이슨과 캐럴은 내 삶을 풍부하게 해주고 계속 마음을 열 수 있게 도와줬다.

마지막으로 나에게 무한한 사랑을 주셨던 어머니와 아버지, 비어트리스 레서와 랠프 레서에게 진심으로 감사드린다.

감사의 말

'마음챙김 리더십'을 위한
추천 도서

여기에는 리더십과 마음챙김, 과학과 인간에 대한 주제를 다룬 학술서를 비롯해 소설도 약간 섞여 있다. 이 책들의 공통점은 인간과 우리가 살아가는 세상을 이해하려는 시도를 담았다는 것이다. 내가 친구들을 비롯해 교육과 강연에서 고객들에게도 꾸준히 추천하는 도서 목록이다.

- 《12가지 행복의 법칙》 (릭 핸슨·포러스트 핸슨 지음, 홍경탁 옮김, 위너스북, 2019)
- 《내가 너를 구할 수 있을까》 (루스 오제키 지음, 민은영 옮김, 엘리, 2016)
- 《다섯 개의 초대장》 (프랭크 오스타세스키 지음, 주민아 옮김, 판미동, 2020)
- 《라이트 형제》 (데이비드 매컬로 지음, 박중서 옮김, 승산, 2017)
- 《리더 디퍼런트》 (사이먼 사이넥 지음, 윤혜리 옮김, 세계사, 2021)

- 《마음을 바꾸는 방법》(마이클 폴란 지음, 김지원 옮김, 소우주, 2021)
- 《몸은 기억한다》(베셀 반 데어 콜크 지음, 제효영 옮김, 을유문화사, 2020)
- 《변화한 특성 Altered Traits》(대니얼 골먼·리처드 데이비슨 지음, 국내 미출간)
- 《사피엔스》(유발 하라리 지음, 조현욱 옮김, 김영사, 2015)
- 《생각에 관한 생각》(대니얼 카너먼 지음, 이창신 옮김, 김영사, 2018)
- 《선심초심》(스즈키 순류 지음, 정창영 옮김, 김영사, 2013)
- 《성공을 부르는 리더의 3가지 법칙》(라스무스 호가드·재클린 카터 지음, 마음력연구소 옮김, 한국경제신문사, 2020)
- 《알아차림》(대니얼 시겔 지음, 윤승서·이지안 옮김, 불광출판사, 2020)
- 《왜 불교는 진실인가》(로버트 라이트 지음, 이재석·김철호 옮김, 마음친구, 2019)
- 《왜 시간은 흘러가는가》(앨런 버딕 지음, 이영기 옮김, 엑스오북스, 2017)
- 《제5경영》(피터 센게 지음, 안중호 옮김, 세종서적, 2002)
- 《지금 다시 계몽》(스티븐 핑커 지음, 김한영 옮김, 사이언스 북스, 2021)
- 《친절은 넣어둬, 마음은 다를 테니까》(토마 당상부르 지음, 이세진 옮김, 두시의나무, 2018)

'마음챙김 리더십'을 위한 추천 도서

· 《포용의 리더십》(아담 카헤인 지음, 강혜정 옮김, 에이지21, 2010)
· 《호모 데우스》(유발 하라리 지음, 김명주 옮김, 김영사, 2017)

주석

프롤로그

1. Kazuaki Tanahashi, *Moon in a Dewdrop: Writings of Zen Master Dogen*, New York: North Point Press, 1985.
2. Daniel Goleman, *Working with Emotional Intelligence,* New York: Bantam Books, 1998, p.235.

01 일을 사랑하라

1. James Kouzes and Barry Posner, *The Leadership Challenge,* San Francisco: Jossey-Bass, 2012, p.345 (한국어판은《리더십 챌린지》, 정재창 옮김, 이담북스, 2018)
2. Britta Holzel et al., *How Does Mindful ness Meditation Work? Proposing Mechanisms of Action from a Conceptual and Neural Perspective,* Psychological Science 6, no 6(October 14, 2011), doi:10.1177/1745691611419671.
3. Daniel Goleman and Richard Davidson, *Altered Traits: Science Reveals How Meditation Changes Your Mind, Brain, and Body,* New York: Avery, 2017, p.123.

02 일을 하라

1. Norman Waddell and Masao Abe, *The Heart of Dogen's Shobogenzo,* Albany: State University of New York Press, 2002.

2. Otto Scharmer and Katrin Kaufer, *Leading from the Emerging Future,* San Francisco: Berrett-Koehler, 2013.

3. Juliana Breines and Serena Chen, *Self-Compassion Increases Self-Improvement Motivation,* Personality and Social Psychology Bulletin 38, no. 9(May 29, 2012), doi:10.1177/0146167212445599.

03 전문가가 되려고 하지 마라

1. Timothy Wilson, *Strangers to Ourselves: Discovering the Adaptive Unconscious,* Cambridge, MA: Belknap Press of Harvard University Press, 2004.

2. H. H. Yin and B. J. Knowlton, *The Role of the Basal Ganglia in Habit Formation,* Nature Reviews Neuroscience 7, no. 6(2006. 6.): 464–76, doi:10.1038/nrn1919.

3. Justin Brewer et al., *Meditation Experience Is Associated with Differences in Default Mode Network Activity and Connectivity,* Proceedings of theNational Association of Science108, no. 50(2011. 11. 22.), doi:10.1073/pnas.1112029108.

4. Daniel Kahneman, *Thinking, Fast and Slow,* New York: Farrar, Straus and Giroux, 2011, pp.408~409. (한국어판은《생각에 관한 생

각》, 이창신 옮김, 김영사, 2018)

5. R. D. Laing, *The Politics of Experience,* New York: Ballantine Books, 1971.

04 자신의 고통과 교감하라

1. Marcus Aurelius, *Meditations,* Mineola, NY: Dover Publications, 1997. (한국어판은 《명상록》, 박문재 옮김, 현대지성, 2018)

05 타인의 고통과 교감하라

1. Lou Solomon, *Becoming Powerful Makes You Less Empathetic,* Harvard Business Review(April 21, 2015.)
2. Ellie Lisitsa, *The Four Horsemen: The Antidotes,* Gottman Institute(April 26, 2013), https://www.gottman.com/blog/the-four-horsemen-the-antidotes
3. https://www.youtube.com/watch?v=q4880PJnO2E

06 타인에게 의지하라

1. Lauren Barbato, *Great Managers Still Matter: The Evolution of Google's Project Oxygen,* re:Work(February 27, 2018)
2. Rob Cross, Reb Rebele, Adam Grant, *Collaborative Overload,* Harvard Business Review(January/February 2016).
3. Guide: Understand Team Effectiveness, https://rework.withgoogle.com/guides/understanding-team-effectiveness/

steps/introduction

07 단순화하라

1. Kelly McGonigal, *The Upside of Stress,* New York: Avery, 2015.
2. McKeown, *Essentialism: The Disciplined Pursuit of Less,* New York: Crown Business, 2014. (한국어판은《에센셜리즘》, 김원호 옮김, 알에이치코리아, 2014)

에필로그

1. David Whyte, *Clear Mind, Wild Heart: Finding Courage and Clarity through Poetry,* Sounds True, 2002, CD.
2. 동산이 말했다는 이 구절은 존 태런트(John Tarrant)의 영상에서 발췌했다. https://www.pacificzen.org/library/method-of-decision

옮긴이 **김잔디**

책과 무관한 기업에서 7년간 일하다가, 평생을 책과 씨름하면서도 놀이하듯 즐겁게 살고 싶어 번역가의 길을 선택했다. 정확하면서도 따뜻한 여운이 남는 번역을 목표로 삼고 있다. 서울시립대학교를 졸업하고 글밥아카데미를 수료한 후 바른번역 소속 번역가로 활동 중이다. 옮긴 책으로는 《좋은 리더가 되고 싶습니까?》, 《미라클 모닝 기적의 공식》, 《상대의 마음을 바꾸는 기적의 8초》, 《CIA 요원, 최강 비즈니스맨이 되다》, 《인생의 해답》, 《빨강 머리 앤의 정원》, 《열정 절벽》, 《모네가 사랑한 정원》, 《소로의 야생화 일기》, 《목소리를 높여봐!》, 《본격 재미 탐구》 등이 있다.

리더의 마음챙김

초판 1쇄 발행 2021년 10월 25일
초판 2쇄 발행 2023년 5월 2일

지은이 마크 레서
옮긴이 김잔디
펴낸이 민혜영 | **펴낸곳** (주)카시오페아 출판사
주소 서울시 마포구 월드컵북로 402, 906호(상암동 KGIT센터)
전화 02-303-5580 | **팩스** 02-2179- 8768
홈페이지 www.cassiopeiabook.com | **전자우편** editor@cassiopeiabook.com
출판등록 2012년 12월 27일 제2014-000277호
편집1 최희윤 | **편집2** 최형욱, 양다은 | **디자인** 최예슬
마케팅 신혜진, 조효진, 이애주, 이서우 | **경영관리** 장은옥
외주디자인 별을 잡는 그물 양미정

ISBN 979-11-90776-99-8 (03190)